VOYAGES-EXPLORATIONS-AVENTURES

AU MAROC

SEPT CENTS LIEUES DANS LE SAHARA

20 CENTIMES LE VOLUME

FAYARD FRÈRES
ÉDITEURS
78 BOULEVARD St MICHEL PARIS

N° 5

AU MAROC

Six cents lieues dans le Sahara

Voyages — Explorations — Aventures

VOLUMES PARUS

VOYAGES — EXPLORATIONS — AVENTURES

AU MAROC

Six cents lieues dans le Sahara

PAR

LOUIS NOIR

PARIS

FAYARD FRÈRES, LIBRAIRES-ÉDITEURS

78, BOULEVARD SAINT-MICHEL, 78

Je dédie ce livre à Madame Guillaume Bellec.

Son tout dévoué,

Louis NOIR.

PRÉFACE

Il est aujourd'hui bien certain que nous serons avant peu établis dans le fameux groupe d'oasis formé par le Gourara, le Tidiket et le Touat et les agglomérations qui en dépendent.

In-Çalah, qui se compose de trois ksours (au sing. ksar), est à la fois la capitale du Touat et celle des Touareggs Hoghars (confédération du Nord-Ouest), nos ennemis.

Non que la ville leur appartienne et que les habitants soient Touareggs (au sing. Targui), ils sont Arabes, mais In-Çalah est le centre commercial et religieux autour duquel gravitent les Hoghars.

Dès que nous serons maîtres des oasis, nous tiendrons les Hoghars sous notre coupe.

Or l'importance de ces oasis n'est pas mince.

Cinq cent mille habitants !

Et un très grand commerce !

Nous pourrions l'accaparer tout entier, aussi celui des oasis marocains, du Tafilet, trois cent soixante ksours !

Car le Tafilet, contigu au Touat, trouvant à y acheter, à un bon marché incomparable, ce dont il a besoin, ne manquerait pas de s'y approvisionner de denrées et de marchandises françaises.

Pour cela, il faudrait que la ligne de pénétration oranaise d'Arzew à Aïn-Safra d'une part, celle de la province de Constantine qui va jusqu'à Ouargla, d'autre part, fussent prolongées jusqu'à In-Çalah, ce qui ne peut manquer de se faire dans un avenir très prochain.

Mais alors s'imposera la nécessité de relier Saint-Louis du Sénégal à In-Çalah à travers le pays des Maures Trarzas qui sont les meilleurs caravaniers de toute l'Afrique.

Grâce à l'expédition de d'Ussonville, ils sont tous Français aujourd'hui.

Au lendemain de sa victoire, M. d'Ussonville conçut une grande idée, celle de relier non pas In-Çalah à Saint-Louis, puisque d'une part In-Çalah n'est pas encore soumis à notre autorité et que, d'autre part, le chemin de fer n'y arrive pas, mais de relier, disons-nous, Saint-Louis avec Aïn-Safra, point terminus de la ligne oranaise.

Jusqu'à ce jour, les Maures allaient plus volontiers s'approvisionner dans les villes marocaines inondées de marchandises anglaises et allemandes.

Aujourd'hui, grâce à M. d'Usssonville, ce grand courant s'est détourné vers notre Algérie.

En somme il s'agissait de traverser, en décrivant une certaine courbe, tout le Sahara marocain.

La courbe s'imposait en raison des lignes d'eau.

Il faut boire en route.

En dehors des puits, peu ou pas d'eau au Sahara.

Donc les lignes de puits font les routes.

Voyons l'itinéraire à suivre.

Des rives du Sénégal, près de son embouchure, le Sahara marocain s'étend de Tiourourt, situé sur les bords de l'Océan, jusqu'à Figuig, oasis marocain, qui s'élève à peu de distance d'Aïn-Safra, station terminus de notre chemin de pénétration d'Arzew au Sahara algérien.

Les Maures Trarzas qui habitent au nord de Podor et à l'est de Tiourourt, voulant gagner Aïn-Safra, doivent donc remonter du sud-ouest au nord-est à travers le désert.

C'est un parcours de six cents lieues.

Il n'a rien d'effrayant pour des caravaniers, en tant que longueur du chemin à parcourir.

C'est une affaire de deux mois et demi au plus.

Si l'on songe au peu que coûte la nourriture des hommes et au rien que coûte la nourriture des chameaux, puisqu'ils pâturent, on comprendra que les frais ne sont pas considérables.

Mais les gains sont énormes.

La route à suivre pour les Maures Trarzas se dirige d'abord à travers le Tagant, pays montagneux, pointe avancée au sud de l'immense massif de l'Adrar, où habitent les peuplades les plus sauvages du Maroc.

La route passe ensuite entre l'Adrar et le désert de Djouf, vaste triangle couvert de dunes de sable.

Puis, après avoir ainsi fortement incliné à l'est, la route se redresse brusquement au nord et traverse le grand Erg, c'est-à-dire cette bande de dunes qui barre tout le Sahara et qui varie entre dix, vingt et trente lieues d'épaisseur.

Au delà de la dune, on rentre dans le Sahara ordinaire et l'on marche sur le Tafilet marocain, de là sur Figuig et Aïn-Safra.

Or, les caravanes des Maures peuvent réaliser de grands bénéfices sur ce parcours, voici pourquoi.

Tout le long de leur chemin, ces caravanes, qui se sont munies à bon marché, à Podor, de sucre, de café, de thé et d'objets français, quincaillerie et étoffes, fusils et poudre, les vendent dans les nombreux ksours et douars près desquels elles passent.

Si l'on songe que le sucre vaut trois, quatre et six francs la livre dans les oasis, on peut juger des bénéfices réalisés.

Arrivées à Aïn-Safra, les caravanes ont tout

vendu ; mais elles rachètent les mêmes objets à bas prix, puisqu'ils sont venus en chemin de fer, et elles revendent au retour, qui s'opère par le Gourara, le Touat, le Tidiket, le Tanez-Roufd et l'Adrar.

On compte six mois de voyage aller et retour et on calcule que le capital engagé a rapporté deux mille pour cent de bénéfice.

C'est énorme.

En moyenne, une caravane fait dix lieues par jour.

Or, une série de dix jours de marche vaut cent lieues, on va donc plus vite que l'on ne l'imaginerait au premier abord.

Il est vrai qu'il faut compter les jours de repos auprès des puits pour faire boire les chameaux et les faire paître plus longuement qu'en marche.

Toutefois ces grands espaces de six cents lieues de désert à traverser, qui épouvantent d'abord, effrayent beaucoup moins, après calcul du temps et des distances.

Nous allons suivre pas à pas la première caravane de Maures qui parcourut cette route, sous la conduite de d'Ussonville et du roi Feridj.

Six cents lieues dans le Sahara [1]

CHAPITRE I

LA CARAVANE DES MAURES TRARZAS

OR, une caravane de Maures approchait du ksar de Bakar dans le Tagout.

Caravane modèle !

Elle comptait cent vingt cavaliers et cent sokrars (chameliers) conduisant chacun quatre chameaux, avec un bach-amar (chef chamelier) pour dix sokrars.

Chaque homme était armé d'un fusil américain tirant cinquante coups à la minute et de revolvers à quatre révoluteurs.

En tête, cinquante cavaliers précédés de chouafs (éclaireurs).

En arrière-garde, cinquante autres cavaliers avec chouafs.

Quelques éclaireurs en flanc-garde.

Sur un chameau méhari, on voyait une mi-

1. L'épisode qui précède ce récit a pour titre : *Le Sultan amoureux*.

trailleuse Maxim et sur un autre des caissons de munitions.

Quatre hommes étaient chargés du service de cette mitrailleuse.

Sur un autre chameau, un obusier-revolver, et sur un autre chameau encore, ses caissons et quatre artilleurs pour l'obusier.

En tête, on voyait comme chefs deux hommes, un Maure et un Européen.

Le Maure très distingué.

L'Européen très imposant.

Plus de deux mètres de haut !

Ce colosse avait une grande élégance de forme.

Relativement mince et élancé, mais avec un superbe développement d'épaules et une belle assiette du torse sur les hanches, ce superbe type de la race basque donnait l'impression d'une force redoutable ; muscles de fer, tendons d'acier.

L'agilité, la souplesse, la vigueur des détentes, l'absence de tout poids mort qui s'affirmait par l'énergie des reliefs sous la peau tendue, un ensemble enfin qui faisait songer au lévrier, annonçait un homme extraordinairement agile.

La tête était aquiline, très belle, d'une fière coupe, avec un grand front de penseur très noble.

Les yeux avaient l'incomparable éclat de ceux du faucon.

Tel était le capitaine d'Ussonville, chef effectif de cette caravane.

Mais elle était nominalement sous les ordres du roi maure Feridj, un beau garçon de vingt ans, très distingué, au visage fin, aux yeux noirs très doux, mais qui avait fait preuve de talents militaires et politiques et montré beaucoup d'énergie.

Feridj et d'Ussonville s'entendaient à merveille tous les deux.

D'Ussonville avait rendu de tels services au jeune roi que celui-ci, dont l'âme était bonne et le cœur élevé, ne pouvait que lui en être reconnaissant.

Le commandant, de son côté, aimait beaucoup le roi, ménageait son prestige devant ses sujets et le traitait d'égal à égal, de frère à frère.

La caravane marchait dans le plus grand ordre, sur douze chameaux de front ; ce qui ne donnait que trente-quatre rangs, soit une largeur de deux cents mètres au plus.

Au nez de chaque chameau, un anneau et une corde, qui passée dans l'anneau de l'animal voisin tenait tout le rang aligné et réuni, ce qui simplifiait la surveillance.

Les sokrars marchaient sur le flanc, à pied, deux sur chaque flanc d'un rang.

Cela donnait un encadrement de cinquante fantassins sur chaque côté.

De plus, les bach-amars.

En cas d'attaque (et l'on avait souvent répété la manœuvre), le convoi s'arrêtait avec autant de précision qu'un escadron.

En tête et en queue, les cavaliers mettaient pied à terre et commençaient leur feu ; les sokrars, face à l'ennemi, ouvraient le leur.

Tous, munis du fusil américain, pouvaient sans recourir aux magasins, tirer en visant dix coups à la minute, soit, sur chaque face du carré, cinq cents coups !

Aux distances rapprochées, ils faisaient fonctionner le magasin, sur le pied de cinquante coups à la minute !

Donc, sur chaque face, deux mille cinq cents coups à la minute.

De plus le feu de la mitrailleuse à l'endroit le plus menacé.

On juge de la force d'une pareille caravane bien commandée.

Chaque groupe de cinquante sokrars avait pour capitaine un ancien sous-officier indigène de tirailleurs sénégalais.

Chaque chameau du convoi, outre sa charge, portait une outre pleine d'eau, mais une outre doublée, avec en plus du poil de chameau entre les deux peaux.

De cette façon, point d'évaporation, même si le simoun soufflait.

De plus la caravane avait deux appareils à forer pour pompes instantanées ; et, en ayant soin de camper près d'un oued, on trouvait l'eau sous le sable à trois, quatre, huit mètres au plus.

Or le Sahara est composé d'hamadas, plateaux rocheux, coupés en tous sens par des ravins sablonneux (oueds) sous lesquels coulent des eaux souterraines, ceci immanquablement.

A son arrivée au campement, la caravane montait en dix minutes ses appareils perforants et, au bout d'une heure, au plus tard, les pompes crachaient l'eau.

Au point de vue de la santé des hommes et des animaux, cette eau fraîche était chose incomparablement précieuse.

On n'en avait pas moins désaltéré toute la caravane, à l'arrivée, avec l'eau des outres qui avaient fourni de plus l'eau pour le café et pour la soupe du soir.

Jamais caravane indigène ne fut outillée ainsi.

C'était merveille pour les Marocains.

Donc la caravane en marche arriva en vue du ksar de Bakar qui peut mettre en ligne, avec le concours de la tribu arabe, voisine et alliée, dont il est le centre, six cents fusils.

Dès que l'on aperçut le ksar, au milieu de son oasis de palmiers, d'Ussonville prit son porte-voix.

Il cria :

— Halte !

Visitez vos armes !

Puis après cinq minutes de repos, il commanda :

— En avant, marche !

Dans le ksar, on entendait une grande rumeur.

Il en sortit des cavaliers qui examinèrent la caravane, puis disparurent au milieu des palmiers.

Bientôt après une députation se montra précédée du drapeau blanc.

Elle se composait de l'ullémah de la mosquée, du babana (portier) de celle-ci et du muezzin, plus quelques tolbas (ce que nous appelons des clercs d'église).

La députation s'arrêta devant les éclaireurs d'avant-garde, au milieu desquels s'étaient portés d'Ussonville et le roi Feridj.

— Que voulez-vous ? demanda celui-ci aux gens du ksar.

— Nous venons vous dire, au nom de la djemmâa (assemblée qui gouverne un ksar), que vous êtes entrés sur notre territoire sans notre permission et qu'il faut vous retirer.

On discutera ensuite pour savoir si l'on vous permettra de camper et combien vous paierez pour obtenir cette permission.

Puis on fixera le prix des denrées que vous nous vendrez et de celles que nous vous vendrons de gré à gré.

Sinon vous n'aurez pas d'eau.

Feridj dit en riant :

— De l'eau, nous en aurons autant que nous en voudrons.

Nous allons camper où nous voudrons.

Nous ne paierons rien.

Nous vendrons nos denrées au prix que nous fixerons nous-mêmes.

— Alors c'est la guerre !

— La guerre soit !

Vous apprendrez à vos dépens ce que vaut d'Ussonville, le chef des amazones du roi Béhanzin, qui est celui-ci, et ce que vaut Feridj, roi des Maures Trarzas, qui est devant vous.

Aussi bien, nous sommes heureux de l'occasion qui se présente de bien battre des ksouriens et des Arabes comme vous autres, pilleurs de caravanes comme vous l'êtes.

Vous recevrez une telle leçon qu'elle vous profitera et profitera aux autres.

Les gens du ksar, très vaniteux, très confiants dans leurs forces, se mirent en colère et menacèrent.

Feridj se moqua d'eux.

— Nous sommes des lions, dit-il, vous des chiens aboyeurs.

Allez.

Rassemblez vos forces !

Nous vous attendons.

— Nous serons six cents !

—· C'est bien peu !

Sur ce, il retourna vers l'avant-garde et rendit compte à d'Ussonville.

Celui-ci examina le terrain et il dit froidement :

— On fera à ces gens là une si chaude réception qu'il leur en cuira.

Nous sommes ici en plein sur l'oued de ce ksar et à l'ombre des palmiers ; campons donc ici.

L'endroit est délicieux.

— Campons ! dit le roi.

D'Ussonville empauma son porte-voix et cria à la caravane :

—Préparez-vous à camper.

Halte !

Puis :

— Doublez les rangs.

Les rangs de chameaux, numéros pairs, firent par le flanc gauche, sortirent du convoi, puis, faisant face, se placèrent à la gauche des rangs impairs.

Cela donnait des rangs de vingt-quatre chameaux et vingt-deux rangs doublés, un carré presque parfait, avec intervalle entre chaque rang.

Les cavaliers encadraient ce carré, trente sur chaque face.

Cette formation prise, d'Ussonville ordonna de sa voix superbe :

— Entravez et piquetez.

On entendit le bruit des maillets enfonçant des piquets dans le sol, et bientôt tout chameau, tout cheval, fut retenu en place par une corde fixée dans l'anneau d'un piquet solide.

Les cavaliers, transformés en fantassins, couvrirent les flancs du camp, pendant que les sokrars transportaient, vingt-cinq par vingt-cinq, les charges des chameaux aux quatre angles, les entassant de façon à former quatre bastions qu'occupèrent aussitôt les cavaliers.

La mitrailleuse, prête à tirer, aurait balayé l'ennemi s'il se fut présenté.

Les quatre bastions improvisés formaient un appui très sûr.

Les sokrars, vingt-cinq sur chaque face, creusèrent au milieu de chacune une tranchée en forme de bastion pour servir d'abri à chaque détachement de ving-cinq d'entre eux.

Il y avait donc huit bastions croisant leurs feux terribles.

Entre les bastions, des cordes solides en poil de chameau s'étendaient à six hauteurs différentes avec entrecroisements.

Cela formait une espèce de treillage qui clôturait le camp.

Une troupe de cavalerie se serait vu culbuter par cet obstacle si elle avait chargé ; une troupe d'infanterie aurait été arrêtée jusqu'à ce qu'elle eût coupé les cordes.

Mais elle aurait été foudroyée avant d'y avoir réussi.

Tous ces préparatifs ne duraient qu'une demi-heure à peine, tant chacun était exercé et savait son affaire.

Une fois le camp fermé, deux équipes travaillaient aux pompes instantanées qui donnaient de l'eau, au plus tard, au bout d'une heure, les pompes la versant dans des auges en toile imperméable.

A tour de rôle, chameaux et chevaux venaient s'abreuver ; on puisait l'eau des auges dans des seaux en toile pour l'offrir aux animaux.

Il faut que cette opération se fassse avec une grande méthode pour les chameaux.

Avec un seau d'eau, un cheval en a assez ; il faut cinquante litres d'eau à un chameau ; ces animaux mettent donc un certain temps à pomper tant d'eau.

Mais on les amenait douze par douze, se succédant continuellement.

Ce défilé durait trois heures !

Mais il n'avait rien de fatiguant, puisque chaque rang ne prenait la file qu'à son tour.

La cuisine était faite par des cuisiniers et des aides à tour de rôle.

Les chefs et les cheicks mangeaient à part et ensemble.

Point de bruit !

Pas de cris !

Aucune querelle !

Les ksouriens qui espionnaient à distance en furent frappés et reportèrent à la djemmâa leur impression sous cette forme saisissante :

— C'est le camp du silence !

On sentait qu'une volonté de fer soumettait toute la troupe à une discipline sévère.

Les gens du ksar étaient profondément étonnés.

Quoi, ces Maures avaient trouvé le moyen de faire jaillir si vite l'eau du fond de l'oued.

Ils avaient donc la baguette de Moïse et ils étaient les maîtres des sources !

N'importe !

Ce n'était qu'une poignée d'hommes et on lui apprendrait à payer le droit de passage et de séjour.

Et puis, on lui ferait payer cher cette eau jaillissante volée à la terre de l'oasis.

Ils la rougiraient de leur sang !

Voilà ce qui se clamait dans la bonne ville de Bakar.

Une ville si l'on veut.

Au Sahara, il ne faut pas être trop difficile.

CHAPITRE II

LE BELLE PEULHE

Or, il y avait dans le ksar une femme peulhe, esclave d'un vieux marchand qui en avait fait sa femme, bien malgré elle.

Elle ne pardonnait à ce vieillard ni sa laideur, ni son avarice.

Très bravement, elle se battait avec lui et leurs querelles amusaient le ksar.

Les Peulhs sont des Sémites, blancs comme les Arabes, venus d'Asie comme eux ; ils ont envahi l'est africain et une de leurs tribus a fondé l'empire d'Amadou sur la Bénoué, affluent du Niger, au cœur de l'Afrique.

Mais, par une filtration lente, une autre tribu de ces pasteurs a poussé vers l'ouest et y a formé le grand royaume des Peulhs du Fouta-Djallon qui est sous notre protectorat.

Les Peulhs sont une très belle race, de formes fines et élancée ; les femmes sont très jolies et leurs yeux ont beaucoup d'expression ; elles sont admirablement faites.

Celle-ci était charmante.

Elle avait une très jolie tête, rappelant par le regard, par certaines formes, celle de la gazelle.

Le sourire était spirituel.

Légère d'allure, gracieuse de gestes, avec un petit air fripon, Zulmé était une femme très désirable.

Or, brave de sa nature, hardie, elle avait résolu de fuir son vieux mari à la première occasion.

Et l'occasion se présentait.

Hardis et déterminés, ces Maures qui bravaient les gens du ksar et les Arabes voisins leurs alliés.

Si elle se réfugiait auprès de ces hommes-là !

Elle leur demanderait asile et délivrance et se marierait avec quelque jeune homme de cette troupe.

Et voilà pourquoi la petite Peulhe se faufila dans les jardins du ksar et descendit vers le camp.

Or, d'Ussonville était à table lorsque l'on vint lui dire qu'une femme déguisée en homme s'était présentée au camp, gardé par un poste de police.

Le capitaine ordonna qu'on lui amenât cette femme.

Elle parut portant son burnous sur son bras ; on la reconnut, à son costume, pour une femme Peulhe.

Elle regarda d'Ussonville longuement, puis Feridj.

En très mauvais arabe, elle dit :

— Moi femme malheureuse.

Mal mariée.

Mariée de force à un vieux.

A toi, chef roumi, à toi roi des Maures, je demande de me recevoir et de me protéger.

Elle se mit à pleurer.

Feridj commença à la consoler.

D'Ussonville fit appeler un artilleur sénégalais qui parlait le peulh.

Il servit d'interprète.

— Qui es-tu ?

— Une femme peulhe de l'Adamma, prise dans une razzia par les Arabes de l'Ouadaï qui font la guerre à mon pays.

Ils m'ont vendue à un marchand d'esclaves qui m'a conduite à Tombouctou.

J'y ai été achetée par un caravanier marocain qui m'a revendue à mon maître, un notable du ksar Bakar.

C'est un vieil homme avare, méchant et très jaloux.

J'ai appris que vous vouliez vous battre avec ceux du ksar, alors je me suis enfuie, et je suis venue vers vous.

Tu es le chef.

Tu me marieras avec un jeune guerrier et je serai une bonne femme.

Elle disait cela avec la plus grande simplicité.

Mais avec une vanité féminine assez peu justifiée pourtant :

— Je parle l'arabe ! déclara-t-elle.

L'interprète est inutile.

— Soit, dit Feridj en souriant.

Que font-ils dans le ksar ? demanda-t-il.

Ils ont envoyé un courrier à leurs alliés de la tribu arabe des Ouleds-Sidi-Matauphis qui seront au ksar au point du jour.

Après un peu de repos, vous serez attaqués par six cents fusils.

Naïvemeut elle avoua :

— Je vous croyais plus nombreux !

Si je vous avais su en si petit nombre, je ne serais pas venue.

— Tu aurais eu tort ! dit Feridj.

Nous avons de si terribles armes que nous sommes invincibles.

Puis se tournant vers d'Ussonville, il lui demanda :

— Epousez-vous cette petite ?

— Non.

— Réfléchissez !

Elle est très jolie.

— Je dis décidément non.

Prenez-là pour vous.

Aussi bien vous en êtes amoureux.

Feridj ne le nia pas.

— Petite Peulhe, déclara-t-il en riant, je suis Feridj, le roi des Trarzas.

Te plaît-il d'entrer dans mon harem ?

Elle en était si contente, qu'elle lui sauta au cou.

Tous les cheicks là présents se mirent à rire.

— Conduis-la sous ma tente, dit le roi à son écuyer.

Et il recommanda d'avoir soin d'elle.

Et celui-ci emmena la jeune fille.

— Agréable aventure! dit d'Ussonville.

— Capitaine, il est encore temps.

Si vous avez des regrets...

— Non pas!

Tout à l'heure, je vous ferai une confidence sous ma tente.

— Eh bien, nous avons dîné, allons-y tout de suite.

— Allons!

Ils quittèrent le cercle des cheicks qui commentèrent joyeusement cet incident.

CHAPITRE III

CONFIDENCE

En fait de tentes, il n'y en avait que deux, celle du roi et celle de d'Ussonville; tout lemonde couchait à la belle étoile, selon l'usage des caravanes.

On s'étend, à l'abri du vent, contre les bagages, bien enveloppé d'un double burnous, avec un oreiller fait de quelque paquet, le double capuchon rabattu sur le nez.

On dort assez chaudement.

Cependant, par suite du rayonnement des sables, les nuits sont froides au Sahara et le thermomètre y descend au dessous de zéro.

La rosée se transforme en gelée blanche, et, quand on s'éveille, le premier burnous est tout raide

Mais le second est sec et tiède de la chaleur du corps.

Si l'on part avant le lever du soleil, il faut faire sécher le burnous du dessus au petit feu de broussailles, d'herbes sèches et de fiente de chameau que chaque escouade allume.

Une tente pour un caravanier est un grand luxe; il faut un chameau pour en porter deux.

Or une charge de chameau en marchandises rapporte énormément.

On se prive donc de beaux bénéfices pour avoir ses aises sous une tente.

Celle de d'Usssonville était, du reste, assez petite, mais on pouvait y coucher très commodément à deux.

Le capitaine et le roi s'assirent; ils allumèrent des cigarettes, d'Ussonville fit venir le thé, puis, à voix très basse, il dit :

— Roi Feridj, nous nous sommes éprouvés tous les deux,

Je te sais discret, intelligent, très brave et grand capitaine.

Je peux faire de toi un grand roi sous le protectorat de la France.

Je vais te faire acheter des chassepots qui sont une arme excellente et dont tu pourras faire confectionner les cartouches qui sont en papier.

Tu peux acheter de telles quantités de capsules que tu n'en seras jamais à court pour la fabrication des cartouches.

Cet armement te rendra supérieur à tous tes voisins.

Tu auras une élite armée à l'américaine ; tu connais la puissance de cette arme.

Je te donnerai mes canons-revolvers et mes mitrailleuses.

L'empire du Maroc se désagrège et tombe en ruines.

Il y aura prochainement un effondrement général de ce colosse pourri ; tu en profiteras pour agrandir ton royaume et l'étendre jusqu'au Tafilet et à Figuig.

Le Sahara marocain te sera soumis et tes caravanes le sillonneront librement ; avec l'argent que tu gagneras, tu achèteras les meilleurs canons, les meilleurs fusils et tu battras les Anglais qui voudront s'emparer du Maroc.

Et tu auras agrandi l'influence de la France, ton alliée.

Si tu as besoin de faire un emprunt, tu t'adresseras à moi.

Je te prêterai cinquante, cent millions s'il le faut.

Feridj ébahi s'écria :

— Tu es donc bien riche ?

— Inépuisablement riche.

Riche à milliards.

Et baissant encore la voix :

— En terre lointaine, inaccessible parce qu'elle est sans eau, j'ai pu pénétrer et boire et vivre, par suite d'une découverte que j'ai faite sur la manière de se procurer de l'eau, découverte très simple ; mais personne que moi n'y avait pensé.

J'ai trouvé, en ce pays aurifère, une véritable montagne d'or.

Les pépites couvrent le sol, comme les galets couvrent une plage.

Mais, de plus, le dessus épuisé, je ferai exploiter le dessous.

J'aurai acquis alors le terrain.

Et ce trésor est ignoré de tous, inabordable à tous.

Point d'eau.

C'est pourquoi je suis venu dans ta tribu pour y acheter des méhara.

Je veux avoir entre moi et la côte un désert de plusieurs jours de marche sans eau et infranchissable, excepté pour des chameaux-coureurs.

Ceux-ci transporteront mon or à la côte où mon frère, un reïss (capitaine de marine), le transportera dans les villes australiennes et le transformera en ce que, nous autres blancs, nous appelons des valeurs sûres.

Or, mon but n'est pas d'être l'homme le plus riche du monde.

Je ne tiens ni au luxe, ni au bien-être, ni à la puissance.

Cependant je suis ambitieux.

J'ai deux buts à atteindre.

L'un n'exclut pas l'autre, tout au contraire.

Je veux accomplir d'abord des choses réputées impossibles ou si difficiles à réaliser que tout le monde y a échoué jusqu'ici.

Par exemple aller au pôle sud, car, pour le pôle nord, il est certain qu'on l'atteindra, on en a approché de quatre-vingts lieues.

Je veux creuser la croûte terrestre, jusqu'à ce que j'arrive au feu souterrain.

Je veux trouver le véritable bateau sous-marin qui naviguera sous l'eau aussi bien que dessus, en se dirigeant et sans être obligé de remonter à la surface.

Il fabriquera sous l'eau, lui-même, sa force motrice.

Je veux montrer à la France à utiliser les vents et les marées pour comprimer l'air en boîtes, qui seront une force transportable au loin.

Une boîte d'air comprimé équivaudra à une briquette de houille.

Cet air comprimé pourra produire de l'électricité.

Je veux arracher à la nature ses derniers secrets et savoir enfin ce qu'est la lumière, la chaleur, l'électricité, dont nous nous servons sans savoir ce que c'est.

Auprès de ce que je forcerai les savants à découvrir en les subventionnant, les rayons X, qui marquent une si belle étape de la science, pâliront.

Mais je te dis là des choses que tu ne peux comprendre.

— Comme tous les Arabes, je suis un ignorant, mais j'apprendrai.

— Je te conseillerai.

Mais je vais te parler d'un projet dont je caresse la réalisation.

Quand tu auras conquis le Sahara marocain, ce qui ne tardera pas, j'aurai des milliards.

A cette époque, la France sera maîtresse du Touat, du Gourara et du Figuig ; je ferai, à mes risques et périls, un prolongement du chemin de fer d'Arzew à Aïn-Sefra, à travers ces oasis, et je pousserai dans le Sahara marocain jusqu'à Saint-Louis du Sénégal, qui sera ainsi relié à Alger.

Et, si je fais le voyage actuel avec toi, c'est pour étudier le tracé.

Voilà donc la première partie de mon programme.

La seconde est de contrecarrer l'Angleterre partout.

L'Anglais, dans son atroce égoïsme, est l'ennemi du genre humain.

Je lui susciterai des ennemis partout: aux Indes je subventionnerai les Afridis, au Canada les Bois-Brûlés, au Soudan les Madhistes.

Je pousserai l'Australie et la Nouvelle-Zélande à se constituer en république et je ferai soulever Cafres, Zoulous, Matabélès bien armés contre les Anglais du Cap.

La faiblesse de l'Angleterre est de s'être trop étendue.

Qui trop embrasse mal étreint.

Cette étreinte, je la briserai sur tous les points faibles

La chaîne sera brisée.

Voilà, ô roi Feridj, ce que je veux faire; aussi ne vais-je pas m'arrêter aux bagatelles de la vie.

Je veux être grand !

Or, un philosophe l'a dit :

Dieu a mis la femme sur terre pour empêcher l'homme de faire de trop grandes choses.

La femme n'existera pas pour moi.

L'ambition me suffit.

Je supprime l'amour.

Le prince sourit.

— Et M$_1^{le}$ de Pelhouër, fit-il.

Elle te suit, donc elle t'aime.

— Oh, comme un frère aîné.

Un jour viendra où elle rencontrera un beau et brave garçon.

Alors ce sera vraiment de l'amour et je les marierai.

— Mais si elle n'aime que toi.

— Allons donc !

Quinze ans de différence d'âge !

Du reste je la connais bien !

Elle était dévorée du désir de voyager avant de me connaître.

Regarde, par l'imagination, sa tête d'oiseau de mer.

C'est une mouëtte.

Elle s'est mise d'instinct dans mon sillage.

Elle est la parente, par descendance, de deux grands reïss français, Duguay-Trouin et Surcouf.

Elle s'ennuyait, se morfondait à l'île Maurice, dans sa sucrerie, et rêvait d'aventures et de mouvement.

Je l'ai rencontrée et je l'ai comprise ; avec moi, elle a pu prendre sa volée.

Mais je suis son oncle adoptif et je ne serai que cela.

— Si elle veut bien s'en contenter ! dit le roi en riant.

D'Ussonville ayant froncé le sourcil, Feridj n'insista pas.

Se levant, il souhaita bonne nuit au capitaine et il se retira.

Mais, une fois dehors, il se dit à lui-même le proverbe arabe :

*L'amour est plus fort
Même que la mort !*

Et il ajouta :

— Elle l'aime !

Sur ce, il se dirigea vers sa tente.

CHAPITRE IV

LE MARI

LE sentiment du droit est tellement inné chez l'homme que, même dans une guerre injuste, les peuples cherchent des prétextes pour justifier une blâmable agression.

Ce fut ce qui arriva.

Au fond, les ksariens et les Matauphis voulaient rançonner la caravane ; mais ils tinrent à mettre les bonnes apparences de leur côté.

Donc, à l'aube, la députation de la veille, plus un vieux notable, se présenta et fut admise,

L'ulléma, devant Feridj et d'Ussonville, posa un ultimatum.

— Nos alliés, les Matauphis, dit-il, sont arrivés.

Nous avons six cents fusils.

Ne faites pas les entêtés.

Payez l'impôt de séjour et de passage, nous vous donnerons de l'eau et nous vous vendrons des vivres.

— De l'eau ! fit Feridj.

Nous en avons.

Venez !

Et il les conduisit devant les pompes qu'il fit mettre en action devant eux, ce qui les stupéfia.

Et Feridj reprit :

— Des vivres !

Après la bataille, vous nous en fournirez gratuitement.

Vous voulez nous rançonner, nous vous rançonnerons et ce sera justice.

— Est-ce par justice, s'écria alors un vieux notable, que vous m'avez volé une esclave peuhle qui est en votre camp ?

Feridj, qui avait le rire facile, se moqua du vieux.

— Ah, fit-il, c'est toi le mari !

Sache que ton esclave n'a pas été volée, elle s'est enfuie.

Elle est dans ma tente !

— Au nom de la loi et du Prophète, rends-la moi.

— Viens la prendre !

— Oui, roi maudit, je viendrai avec six cents de mes frères...

— Je vous attends...

Puis à ses Maures :

— Mettez ces gens hors du camp et s'ils ne sont pas hors de vue en cinq minutes, tirez dessus.

Les ksariens s'en allèrent furieux en vociférant.

Au camp, on prit tranquillement le café du matin.

❖ ❖ ❖ ❖ ❖ ❖ ❖ ❖ ❖ ❖ ❖ ❖ ❖ ❖ ❖ ❖ ❖ ❖ ❖

CHAPITRE V

CE QUE LES MAROCAINS PENSENT DE NOUS COMME SOLDATS

Les différents peuples se font des idées très différentes sur la valeur militaire.

Valeur militaire ?

Le mot et son qualificatif, la locution signifie l'ensemble des qualités d'une troupe, ensemble qui permet de juger de ce qu'elle *vaut* sur un champ de bataille ou en marche.

Il ne suffit pas d'avoir du courage à la guerre.

Il faut être bon tireur, bon marcheur, sobre, endurant, discipliné, expérimenté, débrouillard, etc.

Or, les Marocains estiment avant tout un certain courage bouillant qui les fait se jeter sur l'ennemi, où un amour enragé de la fusillade qui les fait tirailler toute une journée sans grands résulats ni d'une part, ni de l'autre.

Les cavaliers arabes-marocains font beaucoup de fantasia dans le combat; les ksouriens défendent bien les murs des jardins de leurs oasis; mais ni les uns, ni les autres ne sont capables d'exécuter une manœuvre, encore moins de concevoir un bon plan de bataille.

Tactique primitive !

Stratégie enfantine !

Avec cela un orgueil barbare, stupide, injustifié.

Le Marocain se croit beaucoup plus brave que l'Européen, parce qu'il caracole sous les balles.

Lui parle-t-on d'Isly.

Lui rappelle-t-on les défaites que les Espagnols lui ont infligées sous Tétouan, le Marocain s'écrie que les batailles *n'ont pas été loyales*.

Pour lui, tactique, stratégie sont déloyautés.

Subir le feu sans broncher, étant en réserve, c'est lâcheté.

— Vous avez des corps entiers, disent-ils, qui ont peur et que vous n'osez pas envoyer au feu.

Vous les laissez en arrière des autres qui sont seuls en état de se battre et seuls ont du courage.

Avec de pareilles idées sur la guerre, rien d'étonnant à ce que, malgré un grand déploiement de bravoure individuelle, des milliers de Marocains soient vaincus par une petite colonne de troupes européennes.

Mais, ayant longuement causé avec des Marocains pour savoir ce qu'ils pensaient de nous, les ayant poussés à bout, ils finissaient toujours par conclure avec colère :

— A Isly, vous nous avez battu « par sorcellerie. »

« Vous avez fait un pacte avec des djenoums (**génies**) qui combattent pour vous et qui égarent nos balles. »

On conçoit que la conversation soit difficile à soutenir avec des gens de ce calibre-là.

Toujours est-il que les députés retournèrent furieux rendre compte de leur mission à la djemmâa.

CHAPITRE VI

LA MITRAILLADE

Les cheicks assistaient à la séance de la djemmâa, laquelle s'était déclarée en permanence.

Le chef de la députation commença à parler :

— Les Maures, dit-il, sont insolents et hargneux comme des kelbs.

Il n'y a au Maroc que des souloughis (lévriers), chiens nobles et des kelbs (chiens-chacals) qui sont réputés immondes.

Le député reprit :

— Ils ont repoussé tout accommodement en nous raillant.

Ils tirent l'eau du sol avec des machines à levier et ces machines ont des gueules qui crachent l'eau gros comme le bras, quand on remue les leviers ; c'est merveilleux.

Avec eux, il y a un Européen qui doit leur avoir appris bien des choses que nous ignorons.

Il doivent compter sur des sorcelleries blanches pour nous vaincre.

— Conjurons-les, dit un uléma. Que le

muezzin monte sur le minaret et appelle tout le monde à la prière.

L'idée fut trouvée excellente et la voix du muezzin retentit peu après.

La mosquée s'emplit de fidèles en armes qui firent la prière en commun et conjurèrent Allah de les protéger contre les sorcelleries blanches.

L'uléma fit ensuite un discours, déclarant que la victoire était assurée, ce qui fit surgir un grand enthousiasme.

Des gris-gris furent distribués et chacun se crut invincible !!!

Oh ! bêtise de croyants...

Une heure après, on vit une troupe de deux cents ksouriens à pied et de quatre cents cavaliers arabes descendre sur le camp, drapeaux déployés.

Une musique guerrière précédait cette petite armée.

Tam-tam, flûtes, binious à la mode kabile, grosse-caisse frappée des deux côtés, guitare arabe, etc., faisaient rage.

Les cavaliers brandissaient leurs fusils et poussaient le cri de guerre ; les ksouriens, l'arme sur l'épaule, marchaient résolument derrière les Bédouins. Tous avaient confiance.

L'espoir d'un riche butin animait cette troupe nombreuse.

Dans tout Arabe, dans tout Berbère, il y a un **fond pillard**.

Ceci tient aux guerres de tribu à tribu ; la nationalité n'étant pas constituée, l'Arabe, le Berbère ne respecte la propriété que dans sa tribu.

Ces six cents oiseaux de proie allaient donc s'abattre sur la caravane, comptant en avoir bon marché.

D'Ussonville, debout sur le bastion du camp, faisant face à la place, avait massé tout son monde sur cette face.

Quand la troupe ennemie, arrivée à huit cents pas, commença à se développer pour entourer le camp, il commanda :

— Garde à vous !

Apprêtez armes !

Feu de magasin !

Feu de mitrailleuse !

Joue !

Tir à volonté !

L'effroyable grêle de balles s'abattit sur la colonne et ce fut une sanglante écrabouillade.

Malgré une fuite rapide, une centaine de morts restèrent sur le terrain,

Pourtant, au bout d'une demi-minute, d'Ussonville avait fait cesser le feu.

Et maintenant la terreur planait sur le ksar !

CHAPITRE VII

LES EFFETS D'UNE BONNE LEÇON

D'Ussonville envoya aussitôt quelques cavaliers sur le terrain du massacre avec ordre de lui ramener quelques blessés ne pouvant fuir parce qu'ils étaient touchés aux jambes ; on en prit cinq.

D'Ussonville les fit placer à cheval et il les envoya au ksar avec une lettre très laconique du roi Feridj.

« Vous connaissez maintenant la terrible force de mes armes.

« Trente mille hommes ne sauraient arrêter une caravane de Maures Trarzas ; le temps de compter jusqu'à trente et vous étiez balayés.

« Je pourrais prendre votre ksar, je vous fais grâce.

« Envoyez la djemmâa pour conclure une bonne paix.

« Je tiens la mort suspendue sur vos têtes. »

Les ksariens et les Arabes décidèrent qu'il fallait traiter.

Les cheicks des Matauphis et la djemmâa (assemblée) du ksar descendirent au camp avec le drapeau blanc.

Feridj jmposa aux vaincus une très faible amende en nature, ce qui les surprit, et il leur déclara qu'il voulait vivre en bonne intelligence avec tout le monde.

Mais il fallait respecter ses caravanes, sinon ce serait l'extermination.

— Vous avez dû voir, dit-il, que dès que vous avez tourné le dos, j'ai fait cesser le feu !

Les vaincus furent forcés de s'avouer qu'ils avaient voulu imposer à la caravane des conditions abusives ;

Qu'ils l'avaient attaquée ;

Qu'ils voulaient l'exterminer et lui prendre ses chameaux et ses marchandises ;

Qu'enfin le roi Feridj avait eu pitié d'eux et s'était montré clément.

Les morts, en pays musulman, laissent derrière eux moins d'amers regrets que chez nous la disparition du travailleur dans une famille pauvre.

Chez les Arabes-Marocains, la propriété est indivise ; la veuve et les orphelins sont nourris par le douar.

Dans les ksours, la djemmâa les prend à la charge de la commune.

Les sombres perspectives d'un avenir miséreux ne viennent pas s'ajouter aux regrets d'avoir perdu l'être aimé.

Aussi, quand les Arabes et les ksouriens eurent

fait à leurs morts d'honorables funérailles. se remirent-ils vite aux affaires ; ils achetèrent café, blé, sucre, sel marin, étoffes, quincaillerie, etc.

En échange, ils vendaient des dates, des moutons, des fruits, des légumes à la caravane qui acheta aussi des plumes d'autruche et des cuirs maroquinés.

On n'était qu'à cent lieues de Podor et déjà le prix du café avait quintuplé, et les négociants du ksar étaient sûrs de doubler le prix d'achat en revendant au détail sur les marchés qui se tenaient dans les ksours voisins.

Le roi Feridj prolongea son séjour, afin que la nouvelle de son éclatante victoire volât devant lui de ksar en ksar, de tribu en tribu.

C'est au Sahara surtout que la Renommée a des ailes.

Elle vole avec une rapidité extraordinaire aux extrémités du désert.

Des rumeurs passent et agitent les populations frémissantes.

Cela s'appelle les bruits de caravane.

Puis ça se précise et les faits sont rectifiés et exactement racontés.

Si l'on songe qu'un Saharien, monté sur un méhari, fait cent lieues en trente heures, sans s'arrêter, ce qui est un jeu pour lui et sa monture, on comprendra qu'en six jours une nouvelle arrive d'une frontière du Maroc à l'autre.

Un Arabe qui a besoin d'un objet quelconque, outil, arme, ustensile, poudre, quoi que ce soit, saute sans hésiter sur son méhari et va se pourvoir au marché le plus voisin, souvent à plus de cent lieues.

Une dame touarègue va rendre une visite d'amitié à deux cents lieues, en soixante heures, assise sur son méhari.

Elle y mange, elle y boit, elle y sommeille sans arrêt.

Or il manque toujours quelque chose dans un douar.

Une nouvelle arrive-t-elle, c'est l'occasion désirée; on court à dos de chameau léger, au soucq (marché) le plus proche.

On conte ce que l'on vient d'apprendre, mais à mots couverts, par demi-révélations.

Alors *celui qui veut savoir* vous offre un café et l'on va le savourer chez le caouëdji établi sur le souck.

On fait sa confidence.

D'autres *qui veulent savoir* repaient des cafés et le nouvelliste se gorge, se délecte, remporte un grand succès.

Le soir le souck est levé, chacun retourne chez soi, bien près ou bien loin.

Et la nouvelle est colportée avec force commentaires.

Aussi, après trois jours de repos, quand la caravane se remit en route, trouva-t-elle, dans

les ksours et dans les douars, tout le respect dû
à sa victoire foudroyante sur les gens de Bakar.

Le roi Feridj y gagna le nom d'El Mansour
(le Glorieux).

❀ ❀ ❀ ❀ ❀ ❀ ❀ ❀ ❀ ❀ ❀ ❀ ❀ ❀ ❀ ❀ ❀ ❀ ❀

CHAPITRE VIII

BERBÈRES MAROCAINS

LA saignée avait calmé les colères des gens de
Bakar.

Mais Kaddour el Lagdar, le mari de Zulmé
la Peuhle, était toujours en proie au délire de
la jalousie.

Dès qu'il avait vu les choses tourner à la paix,
il avait armé ses serviteurs, il était monté avec
eux sur des méhara bons coureurs et il avait
quitté le ksar.

Où allait-il ?

Préparer sa vengeance.

Il se rendit à Ouadan, dans la sauvage région
de l'Adrar.

Ouadan est une ville assez considérable,
centre d'une confédération berbère très forte,
dont les principaux villages sont :

El Chinghetti.

El Kedun.

El Machabés.

Atar.

Ouzef.

Teuraham.

Elle peut mettre sur pied trois mille guerriers.

Or Kaddour el Lagdar avait un frère établi à Ouadan, et ce frère, fort riche commerçant, était un membre très influent de la djemmâa.

Cet homme avait des fils établis dans les différents villages de la confédération, tous hommes considérables, notables et ayant voix prépondérante dans les assemblées.

Kaddour intéressa son frère et ses neveux à son malheur ; toute la famille se mit en branle pour pousser la confédération à venger l'honneur marocain et à piller la caravane.

On exagéra les richesses que celle-ci transportait et on exalta la cupidité des montagnards.

Ceux-ci, du reste, sont des détrousseurs-nés de caravanes.

Aussi celles-ci évitent-elles d'approcher d'Ouadan, tant la confédération a mauvaise réputation.

Du reste, dans tout l'empire marocain, les Berbères sont réputés pour des voleurs, pour des coupeurs de route et des pillards.

A chaque instant, d'une caravane attendue, on entend dire :

« Elle a changé de route, car elle a appris

que telle tribu avait sur elle de mauvais desseins. »

Aussi l'idée d'entourer la caravane des Maures et de la massacrer pour la piller, prit-elle comme une trainée de poudre ; toute la confédération se prépara à prendre les armes.

Chez les Berbères, l'organisation municipale est la base de tout ; mais elle offre cette particularité que toute municipalité est divisée en deux soufs (deux clans, deux partis).

Tout homme, porteur d'un fusil, vote chaque année pour nommer les membres de la djemmâa d'abord, l'amin (maire) ensuite et l'oukil (adjoint et trésorier) ; aussi pour modifier les canouns (canons, c'est-à-dire lois, comme on dit les « canons de l'Eglise ».

L'amin est pris pour un an dans un souf, l'autre année dans un autre souf ; l'oukil est choisi dans le souf opposé à celui de l'amin.

Les canouns s'appliquent à chaque commune et varient peu.

Défense de les écrire pour forcer chaque citoyen à les apprendre et à les réciter de mémoire.

Les canouns fixent les droits de chacun, les droits des pauvres, ceux de l'amin et ceux de l'oukil, les amendes à payer pour délits, les corvées, etc.

D'un village à l'autre, il y a des chemins bien entretenus ; dans chaque village, il y a une fontaine et un lavoir.

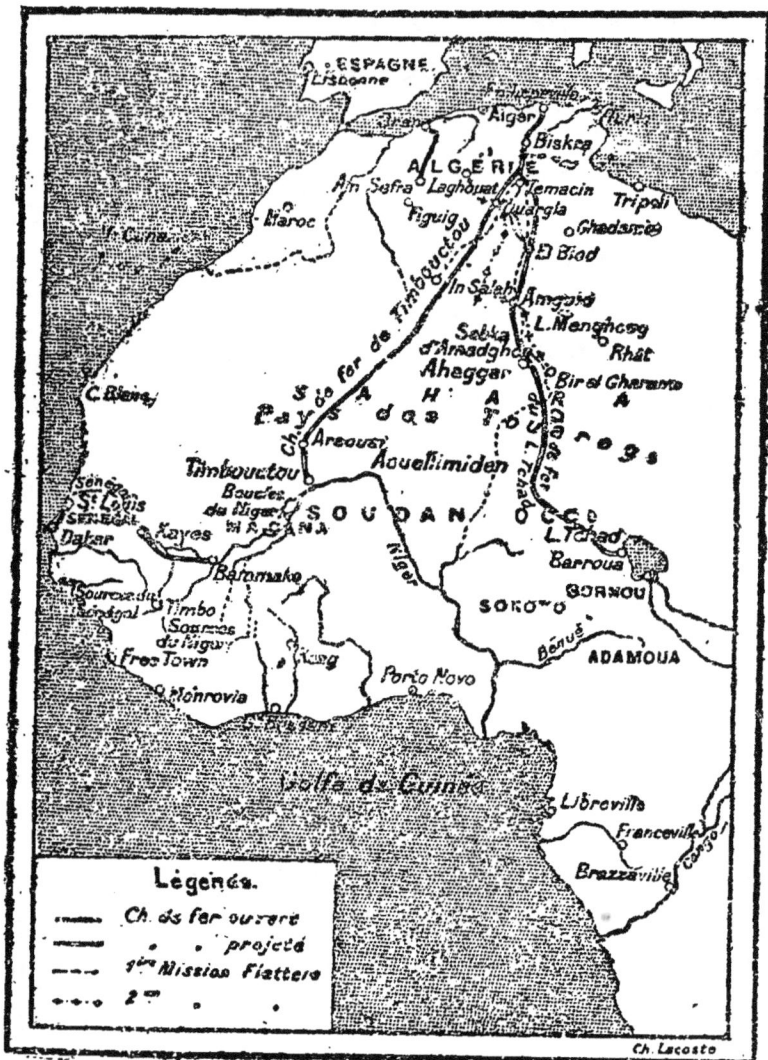

CARTE DES POSSESSIONS FRANÇAISES EN AFRIQUE

Point de prison.

Tous les canouns berbères débutent par cette sentence :

« La liberté étant le plus grand bien de l'homme, nul ne sera emprisonné. »

Pour l'assassinat, le soin de tuer le coupable est laissé à la famille, de même pour les coups portés.

Œil pour œil.

Dent pour dent.

Pour les délits, l'amende est la bastonnade.

L'amin met à l'amende, l'oukil encaisse.

Quand il n'y a pas de besoins généraux urgents, l'oukil achète des bœufs, on les tue et l'on fait les parts de toutes les familles ; celle qui a payé l'amende participe comme les autres.

Il y a des *soucks* ou marchés et chacun s'y rend pour vendre ou acheter ; ces soucks sont établis au cœur de la confédération.

Le jour de marché est jour de trêve pour tout le monde.

Quiconque, ce jour là, insulte, vole ou frappe est lapidé.

La vie municipale est, on le voit, très fortement constituée.

Un Berbère ne veut pas reconnaître d'autre pouvoir que celui des chefs qu'il a nommés et dont l'autorité est contrôlée par la djemmâa, contrôlée elle-même par l'opinion publique.

Cependant les confédérations existent et les

divers villages unissent leurs contingents en temps de guerre.

On nomme alors un général qui s'appelle l'ancien des anciens (aumen el aumena).

Mais il doit toujours prendre l'avis des autres anciens.

Ces Berbères ont de très grandes qualités ; ils sont épris d'indépendance, travailleurs, sobres, bons agriculteurs, tenaces, très braves, fidèles à la parole donnée, commercialement très probes et... voleurs.

Vous pouvez confier un bijou, une somme d'argent à un Berbère pour qu'il remette la commission à quelqu'un ; il le fera loyalement.

Mais ce qu'il pourra vous voler, il le volera.

On peut dire cependant, en thèse générale, que la moralité du Berbère est plus haute que celle de l'Arabe.

Il vole, mais point dans sa tribu ; il n'a qu'une femme et se résigne difficilement à en prendre une seconde, quand la première a vieilli.

La femme berbère occupe une grande place dans la société ; elle va sans voile, cause avec tout le monde ; elle mange avec son mari ; elle est aussi libre, aussi considérée que nos paysannes dans leur ménage et dans leur village.

Bref, on peut dire que la race berbère, en contact avec l'Européen, est assimilable et progressiste.

Mais quelle barbarie encore chez les Berbères marocains.

Et quels pillards !

❀❀❀❀❀❀❀❀❀❀❀❀❀❀❀❀❀❀❀❀

CHAPITRE IX

·LE JUIF

La caravane était à deux jours de marche d'Ouadan, quand un juif, misérable, loqueteux, pouilleux, battu récemment, c'était évident, se présenta au camp de la caravane trarza, à la nuit serrée.

Il demanda à parler au chef et on le conduisit à lui.

— C'est toi, demanda-t-il, qui commande à la caravane ?

— Oui.

— Et le roi Feridj ?

— Il commande aussi.

— Plus ou moins que toi ?

— Autant que moi.

Le juif regarda Feridj qui était présent et qui dit en riant .

— La vérité est que M. d'Ussonville me commande et que je commande les Maures, mes sujets.

Le juif parut réfléchir, puis il se décida à parler :

— Vous êtes des chefs, dit-il, vous saurez récompenser un pauvre juif qui vient vous donner un bon avis.

Or, sachez que Kaddour el Lagdar auquel toi, Feridj, tu as fait dommage en lui prenant sa femme...

— Non ! Non ! protesta Feridj.

Je ne lui ai pas enlevé sa femme ; elle s'est enfuie d'auprès de lui et elle s'est réfugiée chez nous.

— N'importe !

Kaddour el Lagdar est allé à Ouadan et il a monté la tête à son frère, un notable.

Toute la ville, tous les villages sont contre vous.

Vous seriez attaqués par trois mille hommes, si vous passiez près d'Ouadan.

Mais vous voilà prévenus et vous pourrez échapper aux Ouadanais.

Je suis bon ouvrier sellier, comme beaucoup de mes frères, et je vous demande de me prendre avec vous.

— Très bien ! dit d'Ussonville.

Mais dis-nous pourquoi tu nous veux du bien.

— Les Ouadanais, dit le juif, veulent piller votre caravane.

Moi je veux qu'ils soient frustrés de cette espérance.

J'ai travaillé pour le frère de Kaddour el Lagdar et j'avais fait prix avec lui ; il n'a voulu me donner que la moitié de la somme convenue.

J'ai réclamé, il m'a battu.

J'ai porté plainte à l'amin, à l'oukil, à la djemmâa et aux notables ; on a ri de moi.

Si je peux faire perdre le butin à ces gens-là, je serai vengé.

Je ferai tenir plus tard une lettre à la djemmâa où je dirai :

« C'est moi qui ai prévenu le roumi et le roi Feridj. »

— Voilà donc, selon toi, toute la vengeance que tu peux tirer de ces Ouadanais ?

— Je n'en vois pas d'autre

— Je t'en ferai voir une, moi, qui mettra ton cœur en joie.

Tu connais le pays d'Ouadan ?

— Oui.

— N'y aurait-il pas près de cette ville quelque hauteur qui la dominerait et où il y aurait de l'eau ?

— Il y a la colline au sommet de laquelle est le tombeau de Sidi Benucq.

— A combien de distance de la ville ?

— A peu près deux mille pas.

— C'est bien !

— Nous ferons une marche de nuit avec toi pour guide.

— Pour... fuir

— Pour nous établir autour de la couba (tombeau) de Sidi-Benucq.

Le juif s'écria :

— Comment, tu veux combattre ?

— Et vaincre! dit d'Ussonville.

— Mais ils sont trois mille!

— Plus il y en aura, plus j'en tuerai, mon ami.

L'affaire de Bakar n'a pas encore suffisamment établi la puissance de nos armes, puisque ceux d'Ouadan osent nous attaquer ; cette fois, je veux que le Sahara marocain tout entier tremble devant nous !

Et il dit à son ordonnance :

— Fais donner à boire et à manger à cet homme, une couverture pour se coucher et prends soin de lui.

— Viens, fils de Jacob! dit le Maure d'un air hautain.

On ne saurait croire à quel point les juifs sont haïs, méprisés, maltraités au Maroc.

Tuer un juif n'est pas crime.

D'où cette haine si profonde, si vivace, si acharnée ?

De l'extrême habileté avec laquelle le juif dupe le Marocain, l'exploite et le ronge.

Comme partout le juif marocain brocante sur tout, accapare et fait de l'usure.

Comment s'y prend-il pour se faire payer?

Il a des prête-noms, des associés musulmans derrière lesquels il s'abrite.

Mais, au Maroc, il exerce certains métiers lucratifs.

Il est orfèvre, bijoutier, ciseleur, fondeur, sellier, maroquineur, boucher, armurier, etc.

Dans les villes, dans les ksours on a besoin des ouvriers juifs, et, en fin de compte, il faut bien les tolérer.

Mais on les confine dans un quartier, le ghetto.

Défense d'en sortir pendant la nuit, sous peine de mort.

Défense de porter des chaussures hors du ghetto.

Néanmoins, tous sont au moins à l'aise, beaucoup sont riches et même très riches.

Il faut reconnaître aux juifs une souplesse, une ingéniosité, un savoir-faire, une science du commerce et du calcul, une habileté en banque et une force diplomatique qui, avec une persévérance inouïe, assurent leurs triomphes au point de vue argent.

Leurs vices eux-mêmes les servent merveilleusement.

Pour eux, pas de point d'honneur, l'injure à avaler ne compte pas en affaire ; la fourberie est vertu ; l'escroquerie aussi.

On les hait, parce qu'on les sait fourbes ; on es méprise, parce qu'ils sont lâches ; ils sont hors la loi de l'humanité, parce qu'ils ne sont pas humains.

Lâches, ai-je dit.

Oui, à moins qu'il ne s'agisse de gagner de l'argent.

Alors ils risquent leur peau en tremblant, en suant la peur.

Mais ils montrent néanmoins une audace déconcertante.

Mal vêtus, hors du ghetto et surtout en voyage, le juif, en son quartier, est d'une extrême élégance.

Chemises brodées, étoffes de soie, ceintures de fin cachemire, bijoux en or incrustés de pierres précieuses, ils ressemblent à de grands seigneurs.

Graves, majestueux, superbes, élégants, ils vous étonnent.

On comprend alors comment le juif algérien émancipé si imprudemment est devenu l'oppresseur insolent qu'il est.

Les juifs marocains portent une espèce de longue robe de chambre serrée à la taille par une ceinture rouge.

Le pantalon déborde à peine.

La coiffure est une espèce de bonnet noir ou turban noir.

Ces juifs marocains sont de très beaux hommes, d'un type très supérieur à celui des juifs allemands ou polonais; leur barbe noire, naturellement frisée en tire-bouchons et leurs longs cheveux, bouclés à l'extrémité, leur donnent un air assyrien.

Les femmes sont merveilleusement et originalement belles ; on ne trouve ce type-là que dans les états barbaresques ; malheureusement, elles ont la manie de se vêtir à l'européenne et de porter des couleurs criardes.

L'esprit de famille est très développé chez les juifs.

Du reste, ils se solidarisent et s'entr'aident tous.

Grande force.

Un trait de mœurs.

Ils marient leurs enfants très jeunes ; parfois la fille n'a que sept ans, le garçon dix ; les jeunes mariées sont fouaillées par leurs mères, quand elles le méritent, et les maris sont gifflés par leurs papas.

C'est drôle.

Mais ça n'empêche pas les sentiments.

Le Coran également recommande de marier les enfants très jeunes et la Bible ne s'y oppose pas.

Après ce rapide croquis des juifs marocains, je dirai que Yousouf (Joseph) Ben Thabor était un jeune isréalite peu fortuné qui allait de ville en ville, travaillant de son métier et faisant son tour du Maroc, comme nos compagnons faisaient le tour de France.

Il n'était ni meilleur, ni pire que ses coreligionnaires.

✤ ✤ ✤ ✤ ✤ ✤ ✤ ✤ ✤ ✤ ✤ ✤ ✤ ✤ ✤ ✤ ✤ ✤ ✤

CHAPITRE X

DÉVOUEMENT

QUAND le juif fut parti, Feridj dit à d'Ussonville :

— Trois mille hommes, c'est beaucoup !

— Heuh ! fit d'Ussonville... beaucoup... cela dépend.

Et d'abord réponds-tu de tes Maures ?

— Ils se battront jusqu'à la dernière goutte de leur sang.

— C'est tout ce que je leur demande ! dit d'Ussonville.

Et il ajouta en fermant la main avec énergie :

— La victoire, je la tiens.

— Alors, dit Feridj joyeux, on pourra t'appeler El Mansour (Le Glorieux).

Il souhaita une bonne nuit à son ami et se retira dans sa tente où Zulmé l'attendait.

Il la trouva faisant ses paquets.

— Par Allah ! s'écria-t-il, on dirait que tu veux t'en aller.

— Oui, seigneur, dit-elle en pleurant.

— Et où vas-tu ?

— Me livrer à mon mari.

On vient de me dire que, pour me reprendre, il allait attaquer la caravane avec trois mille guerriers.

Pour apaiser mon mari et ces gens-là, je vais leur porter ma tête.

— C'est très beau ! dit Feridj. Mais c'est inutile.

Ton mari te veut, mais les Ouadanais veulent nous piller.

Ils attaqueraient quand même.

Mais nous ne voulons pas fuir comme nous pourrions le faire.

Nous livrerons bataille et nous batterons ces gens-là.

— Est-il possible ?

— Si, d'Ussonville en est certain.

Moi, j'en suis convaincue.

Zulmé le regarda avec admiration et se jeta dans ses bras en s'écriant :

— Ah ! je suis bien heureuse d'appartenir à un aussi grand guerrier que toi !

CHAPITRE XI

LE COMBAT D'OUADAN

LE lendemain, la diane fut criée à deux heures du matin.

Nous disons : criée.

En effet, les Maures Trarzas ne se servent ni de trompettes, ni de trompes ; mais, comme tous les Arabes, ils ont des crieurs qui sont, en en somme, des hérauts.

Ces crieurs sont choisis parmi ceux qui ont les plus mâles, les plus belles voix et qui sont reconnus pour être les plus intrépides.

Ils crient les ordres du chef, les clament pendant le combat et ils excitent leurs camarades au feu.

Il est très curieux d'entendre leurs cris au fort d'une bataille.

On partait de si bonne heure pour terminer promptement l'étape et permettre à la caravane de se reposer de dix heures à sept heures du soir, ce qu'elle ne manqua pas de faire.

Mais, à sept heures, on chargea les chameaux et l'on décampa sans bruit.

On avait doublé le nombre des éclaireurs et

ceux-ci par un cordon de cavaliers communiquant avec le gros.

Le juif servait de guide et, vers minuit, le cavalier de tête aperçut des feux sur la route; c'était l'armée ennemie qui s'était campée là pour arrêter la caravane.

D'Ussonville ordonna de prendre une ligne oblique pour passer en silence entre le camp et Ouadan.

L'ordre fut exécuté et la caravane défila dans le plus grand silence.

On avait lié les langues des chevaux criards et des chameaux grognons, défense de parler et de fumer.

Pendant une heure que l'on mit à atteindre le pied de la montagne en haut de laquelle Ouadan est bâtie, l'inquiétude plana, dans la nuit, au-dessus de la caravane; mais une fois engagée sur les pentes, elle sentit qu'elle atteindrait le sommet avant que l'ennemi put en venir aux mains, s'il s'apercevait du mouvement.

Mais il n'en fut rien.

On arriva sans encombre à la couba de Sidi Benuck.

De là, on voyait se dérouler les terrasses blanches de Ouadan endormi.

D'Ussonville fit établir le camp de façon à ce que la couba fut un des angles du carré.

Il ordonna d'aligner et de mettre au piquet chevaux et chameaux; puis aux trois autres angles du carré il éleva trois bastions avec les charges des chameaux; on perça des créneaux dans les murs de la couba.

On eut donc quatre bastions dont l'un en solide maçonnerie.

La mitrailleuse et l'obusier-revolver chargés de boîtes à mitraille furent mis en attente ; puis on fit un repas froid et l'on s'endormit sous la garde des sentinelles.

Au jour, les vieux Ouadanais et les enfants furent stupéfaits en voyant le camp des Maures, planant au-dessus de leurs têtes.

On courut aux armes.

Des vieux et les femmes se portèrent aux créneaux de l'enceinte avec les armes que chacun put se procurer.

Un courrier fut envoyé à l'armée ouadanienne.

Aussitôt qu'il eut apporté la nouvelle, le camp fût levé en tumulte, et, par bandes, les trois mille guerriers s'ébranlèrent.

Il leur fallut trois heures d'escalade pour arriver à deux kilomètres du camp retranché des Maures.

Ils se massèrent, et les anciens délibérèrent ; l'amin El Oumena, un vieux routier, proposa de se former de façon à former un demi-cercle dont les ailes tendraient à envelopper le camp.

On se rallia à son avis et le mouvement commença.

D'Ussonville regardait la manœuvre.

— Pas mal, pour des sauvages ! disait-il. Pas mal, vraiment !

Avec cinquante bons fusils dans chaque bastion et son artillerie, il se sentait très fort ; mais, en réalité, trois mille hommes c'était beaucoup.

Feridj, à ce moment, dit à la petite Peuhle :

— Zulmé, tu as eu le plaisir de voir manœuvrer ces gens-là ; tu vas rentrer dans la couba.

— Non ! dit-elle...

Les Maures vont se battre pour moi et je ne veux pas me cacher pendant la bataille.

Est-ce que Mlle de Pelhouër se cacherait, elle ?

Non, n'est-ce pas, monseigneur ?

Je veux que tu m'estimes autant qu'elle.

Tu seras sultan.

Je veux me faire si brave et si glorieuse que tu m'estimes assez pour faire de moi ta sultane.

Le mot demande explication.

De par la loi, un musulman ne peut avoir que quatre femmes légitimes... à la fois.

La loi accorde des droits à ces femmes légitimes.

Entre le mari et la femme, il y a contrat de mariage, signé devant le cadi, comme en France devant le notaire pour les biens et devant le maire pour la légalisation.

Disons que le mari peut divorcer.

5

Dès lors, le nombre de quatre devient illusoire.

Il en renvoie une et en prend une autre.

Mais il y a les esclaves.

De celles-ci, autant qu'on veut.

Mais, voilà la supériorité du Coran : tous les enfants sont légitimes !

Or, Feridj avait demandé à Zulmé, esclave maritale de Kaddour el Lagdar, « si elle voulait entrer dans son harem ? »

Il ne l'épousait donc pas légitimement.

S'il devenait sultan, elle ne serait qu'une des femmes du sérail.

La favorite peut-être.

Mais ce titre, toujours provisoire, ne comporte aucun droit.

Et l'ambition de la petite Peuhle venait de se révéler.

Sa diplomatie féminine lui apprenait d'instinct qu'une femme de roi qui sait se rendre populaire, s'impose à son mari.

Exemple l'impératrice Joséphine, très courtisane, très dépensière.

Mais elle avait su faire dire d'elle par le peuple imbécile :

« Elle est si bonne ! »

Et aujourd'hui encore, il y a de nombreux individus qui s'attendrissent sur son divorce et qui vous disent :

« Dieu a bien puni Napoléon d'avoir répudié Joséphine ! »

Pauvre humanité !

Un autre exemple est celui de la reine de Serbie, soutenue par tout le peuple contre son mari, le roi Milan.

Et voilà qu'une petite Peulhe comprenait la force de la popularité et voulait la conquérir.

Elle refusa obstinément d'entrer au bastion et se tint près de d'Ussonville et de Feridj, au centre du camp, à côté de l'artillerie.

On voyait les Maures hausser les têtes par dessus les bastions pour regarder cette vaillante petite femme qui leur souriait gaiement.

Elle n'avait certainement pas peur, Zulmé la Peulhe !

Cependant l'amin El Oumena fit donner le signal du combat.

Autour de lui, il fit hurler par plus de cinq cents hommes le cri de guerre sauvage de Berbères.

On le poussa sur toute la ligne et celle-ci s'ébranla.

Elle s'avançait, drapeaux déployés, au son d'une musique barbare.

Chose étrange !

La marche militaire berbère est l'air de la *Nigous gous gous*; elle lui ressemble tant, que l'on y pense involontairement.

Les instruments sont des binious, comme en

Bretagne, des flûtes, des tambours derboukas, des cimbales, de plus, une grosse caisse, sur laquelle l'instrumentiste frappe d'un côté deux coups avec une baguette terminée par un lourd tampon et de l'autre côté un coup avec une baguette à petit tampon.

Il en résulte une mesure qui scande tous les airs.

Boum ! boum ! doum !

Boum ! boum ! doum.

C'est ridicule, sur le papier, mais c'est très *marchant*.

A six cents pas, les fusils arabes portent de si loin, la ligne s'arrêta dans le but de tirer, se jeter à terre, recharger et faire un bond en avant pour tirer encore et ainsi jusqu'à l'assaut définitif.

Mais les Ouadanais n'eurent pas le temps d'opérer leur manœuvre accoutumée et ils furent arrêtés net.

Une troupe irrégulière, une bande ne s'arrête pas d'un seul coup au commandement comme es réguliers, quand le capitaine crie halte !

Les chefs des irréguliers brandissent leurs armes devant les bandes et commandent :

« Arrêtez !

« Arrêtez !

Il y a alors flottement, rupture de rangs et d'alignement.

Ce fut le moment choisi par d'Ussonville.

Il commanda le feu ! ·

La fusillade des bastions écrabouilla le rang des Ouadaniens ; la mitraille les faucha ; ce fut une terrible minute ; quatre cents balles de mitrailleuse, vingt boîtes à mitraille du canon-revolver et dix mille balles de fusil !

Qu'elle effroyable grêle !

Cependant tous les Ouadanais qui le purent tirèrent, puis ils se jetèrent à terre pour recharger.

D'Ussonville fit cesser le feu et recharger les armes.

Quand l'ennemi se releva pour faire son bond en avant, le feu du camp recommença si terrible que l'élan de l'ennemi en fut brisé.

On vit partout des hommes tourner le dos et s'enfuir, entraînant la déroute générale.

La mitrailleuse, le canon, la fusillade à grande portée firent rage et toute l'armée ennemie se réfugia dans Ouadan ; mais elle ne put y tenir.

D'Ussonville fit canonner les maisons et on vit les terrasses s'effondrer.

Alors une panique épouvantable se produisit dans la cité.

Tout le monde encombra les rues pour sortir dans la campagne ; la mitrailleuse, l'obusier-revolver, la fusillade à très longue portée semaient la mort dans les masses éperdues.

La porte de la ville se boucha sous les entassements ; on s'y étouffait.

Alors il fallut sauter par dessus les murs.

En dix minutes Ouadan fut entièrement évacuée.

Alors le feu cessa dans le camp et les Maures crièrent victoire !

Pertes au camp ?

Trois blessés dont Zulmé qui avait une plaie contuse à la poitrine et qui s'était évanouie.

D'Ussonville, d'un coup de poignard, débrida cet ecchymose d'où le sang sortit noir et caillé ; la jeune fille reprit ses sens et se leva très énergiquement pour voir où en était la bataille.

Elle s'écria :

— Ils se sauvent comme des lièvres !

Elle en fut très joyeuse et elle consentit à entrer dans la couba.

Un barbier-chirurgien maure lava la plaie et la pansa.

Mais Zulmé se trouva si peu atteinte qu'elle sortit pour voir la fin ! »

Le feu avait cessé.

Les Maures avaient quitté les bastions et ils entourèrent la Peuhle avec enthousiasme en criant :

— Celle-ci est la reine !

Vox populi !

Vox Dei !

Le roi Feridj ne put que ratifier le vœu de ses soldats et il dit à Zulmé :

— Oui, tu seras la reine !

Elle eut un mot que Jean Bart n'eut pas désavoué.

— Monseigneur, dit-elle, je te ferai honneur !

— Voilà qui est parlé, dit d'Ussonville en serrant la main de la petite Peuhle.

Puis au roi :

— Fais monter à cheval trois cavaliers qui iront montrer le drapeau blanc à l'ennemi.

Celui-ci enverra des hommes pour savoir ce que nous voulons et on lui dira que c'est pour une bonne paix.

Ils enverront une députation et l'on traitera.

Feridj envoya son écuyer et deux autres cavaliers.

Deux heures après, ils revenaient avec tous les amins, tous les oukils, sous la conduite de l'amin El Oumena.

D'Usssonville reçut cette députation avec Feridj.

Il prit la parole et dit :

— Si je le voulais, je ferais piller votre ville et tous vos villages, puis j'y mettrais le feu ensuite.

Que pourriez-vous contre moi ?

Rien.

Vous avez voulu piller ma caravane et vous avez perdu beaucoup de monde et vous voilà vaincus à fond.

Les députés n'osèrent protester.

Après un court silence, d'Ussonville reprit :

— Pourquoi piller ?

C'est stupide.

Les caravanes s'éloignent de vous et qu'en résulte-t-il ?

Vous êtes obligés de vous approvisionner dans des ksour éloignés.

Et comme un marchand doit toujours gagner, les marchands de ces ksour, qui ont acheté aux caravanes, vous vendent les choses très cher.

Si les caravanes ne vous redoutaient pas comme voleurs, elles vous vendraient à aussi bon marché qu'aux ksouriens assez avisés pour ne pas piller.

Et tous d'une commune voix :

— C'est vrai !

C'est vrai.

Je ne veux pas piller votre ville ; je ne veux pas la brûler.

Il y eut un silence.

Les amins étaient étonnés.

L'amin El Oumena prit la parole et il dit :

— Ne nous demande pas trop grosse rançon, nous sommes pauvres.

— Je ne demande aucune rançon !

Rentrez dans votre ville, dans vos villages.

Les Maures ne veulent pas la guerre, mais le commerce.

Ils vous vendront à bon compte ce que vous voudrez leur acheter.

Et à l'avenir, leurs caravanes vous apporteront, à moitié moins cher que dans les ksour, ce dont vons aurez besoin.

La caravane reviendra dans six mois chargée de ce que vous aurez demandé ; elle l'aura acheté en Algérie, à la dernière station de chemin de fer.

Et vous serez contents.

Et si vous avez des cuirs à vendre et autres produits, on vous les achètera.

Et le commerce vous vaudra mieux que le pillage.

Tous les amins s'écrièrent :

— Il a raison.

Allons redire cela aux nôtres et que la paix soit faite.

— Allez et revenez !

Je vous invite tous à dîner avec moi pour cimenter la paix.

D'Ussonville donna ses ordres pour qu'une diffa fut préparée.

Moutons rôtis entiers.

Couscoussou.

Pilou.

Hachis de viande.

Rien ne fut épargné.

Et, pendant la cuisson, on voyait les Ouadanais rentrer à grande joie dans leur ville et s'y installer.

D'Ussonville envoya son ordonnance avec une corvée pour acheter des figues, des grenades, des dattes, des melons d'eau, des carottes, des oignons, des choux, des haricots, des pois, des lentilles, des raisins secs, des prunes sèches, des pistaches, pour en améliorer la diffa.

Celle-ci eut lieu, au milieu d'une grande animation.

Certes on regrettait les morts; mais en être quittes à si bon compte ravissait d'aise les survivants.

Aussi les musiques berbères vinrent-elles jouer leurs plus beaux airs pendant la diffa et une partie de la nuit.

De Zulmé, il ne fut pas question.

Peu importait.

Mince incident.

Kaddour el Lagdar s'était empressé de déguerpir.

N'avait-il pas donné un mauvais conseil à la confédération ?

La paix fut proclamée.

Dès le lendemain, on commença à commercer ferme.

Trois jours après, la caravane partait enrichie et bien ravitaillée.

Elle emportait les bénédictions des Ouadanais pour le mal qu'elle aurait pu faire et n'a-vait pas fait.

Un vainqueur gagne toujours à se montrer généreux.

Ce n'était pas l'avis de M. de Bismarck.

Mais on n'est pas forcé de penser comme lui.

* * *

CHAPITRE XII

IMMENSES RELATIONS DES ARMATEURS SAHARIENS

KADDOUR el Lagdar était un homme riche, un personnage considérable, nous l'avons dit. Il avait des relations commerciales très éten-dues.

Du reste, tout négociant, tout entrepreneur de caravanes a des correspondants à des distan-ces qui nous paraissent énormes, à nous Euro-péens.

Un armateur marocain, tunisien, tripolitain, algérien, envoie ses caravanes jusque sur les rives du lac Tchad, jusqu'à Sokoto dans le sul-tanat d'Haoussa, jusqu'au fond de l'Ouadaï et de l'Adamaoua.

Cela fait des milliers de lieues.

Notez que cet armateur fait ces longs voyages tantôt avec l'une, tantôt avec l'autre de ses cara-vanes.

Il a des fils, des neveux, des cousins qui, tout dévoués à ses intérêts et intéressés eux-mêmes, font judicieusement les affaires, brassées d'avance, dans un voyage antérieur par l'armateur lui-même.

Et croyez que le contrôle est très sûr, à ces distances incroyables.

Le correspondant veille, car l'armateur est son correspondant à lui.

La comptabilité est minutieuse et les comptes sont rigoureusement tenus.

Ideles, Rhat, Tombouctou, Diéné et quelques autres villes sont les centres de convergence.

Autour de ces villes, au temps d'arrivée des caravanes, on compte souvent jusqu'à dix mille caravaniers.

A Tombouctou, en certaines années, il y a eu soixante mille étrangers.

Quel commerce immense !

Et tout cela, par les courtiers, par les agents, par les correspondants, exact, honnête, ponctuel.

J'ai dit :

« Armateur Saharien ».

Eh oui !

Point d'eau.

Point de flotte.

Mais n'a-t-on pas appelé le chameau le navire du désert ?

Or, dans leurs pérégrinations, les caravanes ont à craindre les pirates du désert et autres, comme nous l'avons vu pour les sauvages Berbères de l'Adrar.

Parmi ces pirates, les plus redoutables sont les Touareggs.

Mais il est avec eux des accommodements comme avec le ciel.

Une caravane ne court de dangers graves que si elle se croit assez forte pour refuser de payer le droit d'escorte.

D'après les lois du désert, elle doit prendre escorte dans la tribu sur le territoire de laquelle elle passe.

Si elle paie, l'escorte arabe ou touarègue la défendra énergiquement.

L'attaque par une autre tribu entraînerait guerre de tribu à tribu.

Cette loi est généralement très fidèlement observée.

Chaque tribu a intérêt à ce qu'il en soit ainsi.

Tu attaques les caravanes que j'escorte, j'attaquerai les tiennes.

Guerre, trouble, désordre, famine ; les caravanes prennent une autre route, évitant la région.

Plus de vente !

Plus d'achat !

Plus de subsides !

Et c'est là l'éternelle loi des échanges entre les peuples.

Le commerce finit toujours par être le plus fort.

Il triomphe de tout.

Il est la base de tout.

Son besoin suprême est la sécurité, et les besoins des peuples finissent toujours par la lui assurer.

Que l'on jette un coup d'œil sur la carte d'Afrique et l'on comprendra que le droit de passage et d'escorte oblige un caravanier à entretenir des relations avec les tribus les plus éloignées.

Ainsi s'expliquent celles qu'entretenait Kaddour el Lagdar avec la puissante tribu des Immeraghens.

Il ne quitta Ouadan que pour se rendre en toute hâte chez ces Touareggs qu'il voulait jeter sur la caravane de d'Ussonville.

CHAPITRE XIII

LES IMMERAGHENS

Touareggs-Hoghars ces Immeraghens.

Ils possèdent une vaste étendue de terres à l'ouest du fameux massif central de l'Ahaghar ou Hoghars qui forme l'arête des montagnes de la grande confédération nord-ouest des Touareggs.

Cette tribu était la plus rapprochée du parcours de la caravane.

Voilà pourquoi Kaddour el Lagdar s'adressait à elle.

Connu d'elle, lui payant souvent le droit d'escorte, il avait souvent reçu des gens de ce pays à Bakar.

Il faut dire que les Touareggs louent souvent aux caravanes des chameaux qu'ils accompagnent.

Les caravanes, au départ, ont leur nombre voulu de chameaux ; mais il en crève en route.

Il faut les remplacer.

D'où location d'animaux et de sokrars (chameliers) aux Touareggs.

Kaddour el Lagdar arriva à Immeriden rapidement.

Ses méhara faisaient soixante lieues par jour.

Ces chameaux-coureurs, quand ils sont de pure race et bien choisis, sont des coureurs extraordinaires.

A Immeriden, Kaddour el Lagdar trouva, outre le petit centre fixe qui servait de capitale à la tribu, un campement considérable.

Il y avait rassemblement, parce que la famine sévissait en ce moment.

Or les chefs voulaient se concerter pour une grande razzia.

Les razzias se font par les Touareggs à des distances invraisemblables.

Deux cents lieues !

Ce n'est que jeu pour eux.

Quatre cents lieues ne les effraient pas.

On juge si Kaddour el Lagdar arrivait fort à propos.

Faisons un rapide croquis des tribus touarègues.

Et d'abord, disons que ce sont des gens de race berbère, par conséquent des blancs, sémites selon les uns, d'origine basque selon les autres.

Mais beaucoup de savants pensent que les Basques eux-mêmes sont sémites.

Qui a raison ?

En tout cas, les Touareggs parlent un dialecte berbère.

L'écriture berbère, perdue chez nos Kabyles algériens et tunisiens où l'on écrit le berbère en caractères arabes, se retrouve chez eux, en l'état où elle était il y a vingt siècles, comme le prouvent de très visibles inscriptions sur des rochers.

Longtemps le Touaregg a été chrétien ; il est encore tatoué de la croix.

Il compte les mois comme nous.

Jenuer, fefrair, mars, abril, maïo, roust, stembre, ktobr, nvembr, dsembr.

C'est le calendrier romain.

Il a le carnaval et se déguise en arlequin

avec la batte, en polichinelle avec la bosse, en pierrot avec la farine sur les mains et le visage.

Les femmes sont libres, très respectées ; elles voyagent sans être accompagnées par leurs maris, sans même avoir un protecteur.

Celles qui sont nobles confèrent la noblesse « qui vient du ventre », le mari ne fût-il pas noble.

Le mari noble d'une serve ou d'une esclave ne confère pas la noblesse à ses enfants.

Les femmes ne sont pas voilées, car elles voyagent *relativement* peu.

Pourtant il n'est pas rare de voir une femme faire soixante et même quatre-vingts lieues sur un méhari, pour aller dire bonjour à une amie.

L'homme est toujours voilé.

Ce voile, il ne l'enlève jamais.

C'est à ce point que si un Touaregg tué est trouvé sans voile par ses amis, ceux-ci ne le reconnaissent pas.

Il faut lui faire « la toilette du voile » pour constater son identité.

Ce voile a pour but d'intercepter le sable qui, dans les longs voyages, rendrait les Touareggs poitrinaires.

Le sable de nos carrières de grès rend nos carriers phtisiques.

Ils devraient se voiler.

Les femmes touarègues savent toutes lire,

écrire, compter, chanter avec accompagnement de mandolines.

Elles improvisent des vers.

Elles sont, sur les méhara, des écuyères extraordinaires.

Beaucoup apprennent à leur chameau favori à danser.

Elles ont, à la mode italienne, un cavalier servant.

Les Touareggs sont généralement de beaux hommes de deux mètres et plus.

Maigres, forts élégants, distingués, d'aspect sévère et martial.

Ils sont d'un orgueil dur, impitoyable, insupportable.

Et faux !

Ils tendent un guet-apens avec un art infini.

Leurs ruses sont proverbiales.

Ce pauvre héroïque colonel Flatters s'y est laissé prendre.

Il en est mort.

La sobriété du Touaregg, quand il le faut, est extraordinaire.

Il peut rester, comme son méhari, huit jours sans manger, et, qui plus est, sans boire une goutte d'eau.

Mais il se rattrape.

En un repas, s'il le peut, un Touaregg mange un mouton.

L'Arabe dit :

« Un Touaregg boit la viande. »

C'est effrayant.

Ces hommes, généralement mal nourris, n'en deviennent pas moins superbes ; mais ils se développent lentement.

A trente ans seulement l'adolescence, c'est-à-dire la croissance cesse, et le mariage n'a lieu qu'après quarante ans.

La vie ordinaire est de cent à cent vingt années.

On voit des vieillards de cent quarante ans et même de cent cinquante.

Ça n'étonne personne.

Le Touaregg campe sous des tentes en cuir et sous des gourbis.

Il est nomade, dans une certaine mesure, à cause de ses chameaux.

Chez eux, il y a des nobles, possesseurs du sol, des hommes libres qui font profession de chameliers et de guides de caravanes, des serfs cultivant la terre, à vrai dire fermiers des nobles détenteurs du sol.

A ces nobles, ils paient fermage et doivent l'hommage.

Enfin, il y a des esclaves.

Les Touareggs, contrairement aux erreurs que l'on a répandues sur eux, sont de très tièdes musulmans.

Ils ne font ni les ablutions, ni les prières, ni rien des prescriptions du Coran ; ils ne jeûnent pas en Ramadan.

A quoi bon, disent-ils, se priver d'un bon repas en Ramadan, quand toute l'année nous jeûnons ?...

Et pourtant ils sont fanatiques et ils ont la haine du roumi.

Du Français surtout.

Mais pourquoi ?

Parce qu'ils sentent que l'heure est proche de la soumission forcée.

Alors plus de droits de passage et d'escorte.

Donc famine.

Ce qui est une erreur quant à la famine.

L'établissement du chemin de fer transsaharien multipliera énormément les petits transits par chamellerie.

Mais ce peuple ne l'a pas encore compris ; il s'est donc jeté désespérément dans la fameuse secte des Senoussis qui veulent jeter les Français à la mer et aussi... les Turcs de Tripoli.

Leur rêve est la création d'un empire arabe.

Rêve irréalisable !

Ici se placera une réponse à la question de plus d'un lecteur :

« Peut-on donc traverser le Sahara avec une caravane comme celle de M. d'Ussonville ? »

Prenons un exemple historique.

Au temps où n'avions que des pièces de quatre (des seringues comparées aux canons actuels, comme disent les artilleurs), au temps où nous n'avions que des fusils à piston, à âme lisse, le général Margueritte se faisait fort de passer partout avec cinq cents hommes seulement.

Et il a prouvé à quel point il était dans le vrai.

Mais aujourd'hui nous avons des mitrailleuses et des canons-revolvers qui constituent, pour une colonne légère, une artillerie terrible et d'un facile transport.

Nous avons le Lebel.

Dès lors, on calcule que cent cinquante hommes peuvent passer.

Et la preuve en est faite.

Est-ce que les Touareggs ont osé attaquer la mission Fourreau ?

Elle est près du Sokoto, hors de l'atteinte des Touareggs.

Est-elle en sûreté ?

Non.

Il faut qu'elle côtoie le Sokoto.

C'est un grand sultanat.

Douze millions d'habitants.

Sera-t-elle bien reçue ?

Je l'ignore.

Toutefois, je l'espère.

Mais, je le répète, tout le pays des Touareggs est traversé.

Du reste, la prise de Tombouctou a terrifié ces gens-là.

Plusieurs bonnes leçons infligées depuis les ont matés.

En nous emparant d'In-Çalah, nous les briderons au nord et au sud.

Il ne faudrait pas croire que les Touareggs sont à dédaigner comme consommateurs, car il leur faut du blé.

D'autre part, ils ont besoin de cotonnades pour se vêtir.

Chemise, pantalon, grande blouse, voile et sabottes jaunes ou rouges, voilà le vêtement des Touareggs.

C'est l'Allemagne, à la honte de notre commerce, qui les fournit.

Comme armes, le fusil double, la lance, un poignard le long de l'avant-bras droit, un anneau de fer d'assommade au coude droit, un sabre et une lance.

Or, lisez sur la lame du sabre d'un Touaregg l'inscription qui s'y trouve estampée à chaud...

Solingen !

Fabrique allemande.

N'est-ce pas à faire rougir notre commerce de sa stupide inertie.

L'Allemagne nous supplante dans un pays que nous touchons par le chemin de fer de Ouargla.

Un pays à nous !

Quand donc les capitaux français cesseront-ils d'être si timides.

Ce qui manque, ce ne sont pas les agents hardis.

On en trouverait autant qu'on en voudrait.

Combien d'intelligents, énergiques, s'ennuient à mort derrière nos comptoirs.

Combien voudraient voyager, voir, agir en pays neufs.

Mais on laisse notre jeunesse se morfondre sur place.

Enfin, espérons que la conversion du 3 o/o en 2 1/2, puis en 2 o/o, fera perdre à nos capitalistes le goût des rentes.

Ça viendra.

Alors il faudra bien, comme les Anglais, comme les Allemands, faire rapporter ses capitaux en placements coloniaux.

Qu'il vienne donc, ce jour béni où la rente rapportera si peu, qu'il n'y aura plus de rentiers.

Ce jour-là, nous irons vendre nos cotonnades aux Touareggs.

CHAPITRE XIV

LE RIDEAU DE CHAIR

KADDOUR el Lagdar était, comme tout bon négociant, un diplomate.

Il se garda bien de parler aux Touareggs de sa femme.

— Je suis venu, leur dit-il, vous prévenir que, s'y vous n'y mettez pas ordre, les Maures-Trarzas vont vous supplanter partout. Ils veulent accaparer tout le commerce et voilà qu'une de leurs caravanes va de Podor du Sénégal à Aïn-Safra.

Elle porte et vend sur son passage, à très bon marché, des articles français, venus à peu de frais de France à Podor en bateaux ; elle se réapprovisionnera à Aïn-Safra d'articles français venus d'Oran par chemin de fer et personne ne pourra lutter avec elle pour les bas prix.

Songez-y !

Un franc cinquante seulement la livre de sucre.

Tout à l'avenant.

Les Touareggs se récriaient !

Le négociant insista.

Il donna des détails.

On l'écoutait en frémissant.

Et lui :

— Laisserez-vous faire ?

Et eux :

— Non ! Non !

Il les monta à l'excès.

— Combien de fusils dans la caravane ? demanda le chef.

C'était le cheick Abdoulah.

Un homme résolu.

Un des assassins de Flatters.

— Deux cents fusils, cheick.

— Pas plus?

— Je le jure.

Mais ce sont de terribles fusils.

— Qu'importe, si j'ai un *rideau de chair* devant moi.

— Cheick, ils ont aussi une machine à balles (mitrailleuse) et un canon qui crache des boulets à balles.

— Puisque nous aurons un *rideau de chair* et que nous attaquerons la nuit.

Par une pareille attaque, nos frères du sud ont massacré un camp de spahis et de tirailleurs français, près de Tombouctou.

— Les Ouadanais ont attaqué le camp de la caravane et ils ont été repoussés avec perte.

— Ont-ils employé le *rideau de chair?*

— Non.

— Le combat avait-il lieu le soir par surprise.

— Non.

— Etaient-ils montés à méhara, ces Ouadanais?

— Non.

— Eh bien, tu verras ce que peuvent faire, la nuit, protégés par un *rideau de chair*, des Touareggs comme nous.

Je mettrai six cents méhara en ligne et rien ne tiendra contre eux.

— Plaise à Dieu !

— Tu verras, te dis-je.

Je vais former un miad (troupe armée) qui sera terriblement fort pour une surprise nocturne.

Nous passerons sur le ventre des Maures Trarzas, nous les ferons piétiner par nos méhara.

Et, à tous, nous couperons la tête.

Et toutes ces têtes, nous les enverrons confites dans du miel à ceux de leurs tribus qui sont restés chez eux.

Et ils seront à jamais découragés de nous faire concurrence.

Voilà, homme du Tagout, voilà ce que nous allons faire.

Et tu pourras encore nous envoyer des caravanes que nous escorterons.

Un grand murmure approbateur s'éleva saluant les paroles du chef ; les femmes poussèrent des *yous yous* et battirent des mains.

Le cheick avait besoin de ces indispensables acclamations ; car le pouvoir d'un chef touaregg est très borné.

Il est reconnu, désigné comme l'homme le plus influent de la tribu ; mais il doit tenir compte de l'opinion des chefs qui viennent après lui.

Il ne peut donner des ordres et il faut que

tout se décide en assemblée générale, sinon rien de fait.

Un Targin (sing. de Touareggs) ne se reconnaît pas de maître.

Sa volonté est sa loi.

Si une décision générale lui déplaît, il ne s'y conforme pas.

Mais qu'était-ce donc que ce *rideau de chair* dont le cheick avait parlé.

Une invention des Touareggs.

Ils lient entre eux des chameaux et leur placent sous la queue des fagots secs de broussailles qu'ils enflamment ; les chameaux partent droit devant eux et renversent tout ce qu'ils rencontrent, hommes et tentes.

Et derrière le rideau, le miad galoppe et fond sur l'ennemi.

C'est terrible.

C'est l'ouragan qui passe !

C'est plutôt l'avalanche qui écrase tout sous son poids tourbillonnant !

Et c'est à cette force que la caravane allait avoir affaire.

CHAPITRE XV

LA VIE AU SAHARA

LA caravane avait quitté Ouadan et marchait du sud-ouest au nord-ouest entre les dunes de l'Iguidi et celles du désert El Djauf.

Route longue et pénible.

On ne trouvait parfois de puits que de trois jours en trois jours, mais, grâce à la prévoyance de M. d'Ussonville, on avait de l'eau à chaque étape.

Entre la grande dune et le désert de Djaub, se dresse un long prolongement de l'Adrar, ce grand massif du Sahara marocain qui est à l'est des monts touareggs Hoghars.

Lavées par les pluies d'hiver, les pentes de la montagne versent des torrents d'eau dans un long couloir qui sépare cette chaîne de l'Adrar de la dune.

Le sable boit toute cette eau ; il recueille aussi toutes les eaux qui se sont infiltrées dans le sol des montagnes et qui descendent lentement et souterrainement dans la rivière qui coule invisible sous les sables de la cuvette allongée qui va de Ouadan à Marabouti, sur un parcours de cent cinquante lieues.

Cette cuvette était le chemin même que suivait la caravane.

Celle-ci n'étant pas forcée de se presser, entre les points d'eau faisait des étapes raisonnables de sept à huit lieues.

Les autres caravanes sont obligées d'atteindre les puits pour faire boire les chameaux ordinaires, qui ne peuvent résister plus de trois jours à la soif.

Les méhara, eux, attendent six jours pleins.

Une caravane ne pourrait donc mettre cinq ou six jours pour aller d'un puits à un autre.

Ses chameaux ordinaires crèveraient.

De là des étapes de douze lieues très éreintantes.

La caravane n'en prenait qu'à son aise et raisonnablement.

Elle se reposait le samedi et le dimanche, jours de grandes chasses.

Les chameaux se refaisaient par de longues pâtures et le repos.

Ceux qui croient que le Sahara est absolument aride se trompent beaucoup; les hamadas, plateaux pierreux, ne produisent rien, c'est vrai.

Mais des oueds, c'est-à-dire des vallées sablonneuses, courent entre ces plateaux couverts de pierres noires.

Et le sable de ces oueds couvre des rivières souterraines qui donnent une certaine humidité à la superficie.

Il pousse du drin et un grand nombre d'autres plantes bonnes pour la dent du cheval et du chameau.

Il y a aussi beaucoup d'arbrisseaux de chétive apparence, mais dont les racines sont plus fortes que l'on ne pourrait le supposer.

Elles nourrissent quand même l'arbuste, le buisson rabougri, parce qu'ils sont broutés par les troupeaux.

Quand on donne, comme le faisait la caravane, deux jours par semaine aux animaux pour bien pâturer, ils se portent à merveille.

De loin en loin, dans les oueds, on rencontre des bouquets de beaux arbres, pistachiers, térébinthes et autres ; on y trouve une ombre délicieuse.

Ce Sahara, tant calomnié, sera un jour la merveille agricole du monde, car, avec de l'eau, tout y pousse.

La France, avec les puits artésiens, est en train de transformer ces régions sahariennes.

Où un puits est foré, où l'eau jaillit, les indigènes accourent.

Ils fondent un ksar, ils créent des jardins, et l'oasis, au bout de cinq ans, est d'une richesse merveilleuse.

Le blé dur, l'orge réussissent admirablement.

Dans les jardins, à l'ombre des palmiers, les cerisiers, les pruniers les grenadiers, les oliviers, les poiriers, les pommiers, les pêchers, les abricotiers, les pistachiers prospèrent et protègent, à leur tour, les légumes de toutes sortes qui poussent à leurs pieds.

Les palmes et, au-dessus d'elles, les feuillages des autres arbres, forment un écran vert naturel.

Et l'on sait l'action de la couleur verte sur la poussée des plantes.

Le palmier-dattier donne, en moyenne, cinq francs de bénéfices par an et on peut, avec de l'eau, en faire surgir d'immenses forêts.

Mais ce qui enrichira plus tard les colons au Sahara, ce seront les cultures dites sèches :

Cotons, café, gommiers, vanille, cacaos, épices, etc.

Tout ce qui a besoin de chaleur et d'humidité y poussera en surabondance; on en a la preuve.

Les autrucheries s'y créeront et feront merveilles.

Et cette région, de si mauvaise réputation, sera des plus riches.

Mais, dans ce Sahara marocain que parcourait la caravane, il n'y aura rien à faire tant qu'il sera sous la domination du sultan.

J'ai dit que les caravaniers chassaient le samedi et le dimanche.

Mais quoi donc ?

Les antilopes dont les espèces sont si nombreuses et dont la gazelle, la délicieuse gazelle, est la plus réputée.

Les autruches que l'on forçait à cheval et qui donnaient une chair succulente et des plumes splendides.

L'onagre (âne sauvage).

Le mouflon.

Grandes chasses !

Le lièvre, la perdrix rouge, la caille aux bords des redirs (mares) et des dayas (étangs maréca-geux) qui se forment dans les dépressions où se donnent rendez-vous tous les oiseaux aqua-tiques.

La poule de Carthage.

Aussi des petits oiseaux, dont un passereau qui joue les ortolans là-bas et que les Sahariens appellent le *père de la graisse.*

La gerboise-kangourou.

La gerbille.

Les lézards comestibles.

Puis, mais bien rarement, le loup africain, qu'on ne trouve que dans l'Ahaghar, l'Aïr et l'Adrar.

Cent hommes avaient permission de chasser le samedi, cent autres le dimanche.

L'ordinaire s'en ressentait.

Mais le gibier roi, c'était l'autruche.

Le roi Feridj excellait à cette chasse, qui est enivrante.

La caravane, en cinq jours de marche par

semaine, faisait quarante lieues; elle mit donc sept semaines pour atteindre El Gueda, où elle quitta le couloir entre dune et Ardrar pour redresser sa route en plein nord et entrer dans *la Dune*.

❈❈❈❈❈❈❈❈❈❈❈❈❈❈❈❈❈❈❈

CHAPITRE XVI

LA GRANDE DUNE

LA caravane, à El-Gueda, se trouvait sur la grande route des caravanes venant de Tombouctou, allant au Tafilet.

Cette route traverse le Grand-Erg ou région des dunes, pendant soixante-quinze lieues; mais on y trouve des puits sans lesquels il serait impossible aux chameaux de traverser ces monticules de sable.

Cette région des dunes forme une écharpe jaune de sept cents lieues de long, sur une largeur très variable, ne dépassant jamais une centaine de lieues.

Elle part de l'Océan, du Cap-Blanc, parcourt les Saharas marocain, algérien et tunisien, et finit sur la Méditerranée à Gabès, au-dessous des Chotts.

C'est une barrière jetée entre le Sahara nord et le Sahara sud.

5

C'est cette barrière qui nous arrêta si longtemps.

C'est elle qui fit croire à nos généraux qu'à
partir de là le Sahara était un désert de sable.

On dédaigna l'au-delà et les cinq cent mille
Sahariens groupés autour du Touat, du Tidiket et du Gourara.

L'aspect du reste de l'Erg est vraiment
effrayant.

Des dunes succèdent aux dunes, à perte de
vue.

Une mer de sable dont les vagues auraient
été figées au moment où sévissait une tempête
épouvantable.

L'Océan jaune.

Seules des flottes, composées de ces navires
du désert, les chameaux, peuvent le traverser;
mais que de naufrages!

Les routes de caravanes sont semées de car-
casses, débris sinistres.

Les dunes sont généralement orientées de
l'est à l'ouest et les dépressions qui les séparent
vont en ce sens.

Mais des fleuves, descendant de l'Atlas, quoi-
que coulant souterrainement, ont ouvert des
couloirs allant du nord au sud, parce que autre-
fois ces fleuves coulaient à ciel ouvert, balayant
les sables.

L'oued Meravad, qui arrose le Tafilet, est un
de ces fleuves.

Vu de loin, l'Erg semble absolument stérile.

Vu de près, on reconnaît qu'il existe dans les entre-dunes, au fond des creux, une végétation suffisante au pâturage des chameaux.

Ces dunes affectent des formes très diverses.

Les unes sont des dômes, les autres ressemblent à un dos de chameau, d'autres à une lame de sabre.

Toutes ont un centre dur sur lequel le sable s'est augmenté.

Elles sont fixes.

Tantôt un vent, tantôt un autre, remonte le sable le long d'une pente et le fait retomber de la crête sur l'autre partie ; mais l'aspect général de la dune n'en est pas sensiblement modifié.

On trouve cependant aux approches de la Grande Dune des petites dunes mouvantes ; mais c'est l'exception.

L'Erg tout entier, dans ses grandes lignes, conserve une rigidité imposante.

C'est dans l'Erg que l'on entend la *musique des sables.*

Elle est produite par les myriades de cascatelles de sable que le vent précipite des cîmes sur les pentes.

Ce sable est d'une pureté cristalline, débarrassé de sa gangue terreuse et chaque grain sonne comme du verre.

De là, cette musique étrange.

Elle commence avec le coup de vent, par une plainte douce, vague, harmonieuse et berçante, elle grandit, elle éclate en des roulements sonores, elle en arrive à ressembler à un tonnerre retentissant, puis elle s'apaise lentement, pour recommencer avec des variantes infinies.

Les animaux entendent cette musique et s'en inquiètent.

Elle charme les hommes.

On conçoit qu'une caravane, entrant dans l'Erg, trouve le paysage bien changé.

Etablie à El Gueda, celle de M. d'Ussonville, à l'eau du puits, préféra celle de ses pompes.

Celle-ci bientôt fonctionnèrent et les animaux renaclèrent en entendant le bruit joyeux des ruissellements.

Personne ne soupçonnait qu'un *miad* de cinq cents Touareggs était campé autour du puits de Sneissa, situé à vingt-cinq lieues en dehors de la route.

Les éclaireurs du *miad* tenaient le camp sous l'œil.

Les Touareggs excellent à espionner une caravane.

Ils vont à méhari se porter au revers d'une éminence d'où ils ont vue sur le chemin où sur le camp.

Ils laissent leur monture à mi-côte et ils

rampent dès qu'ils sont à pied pour atteindre le sommet.

Couchés à plat ventre, ils comptent les hommes et ils observent tout ce qui passe et tout ce qui se fait.

Les éclaireurs, sûrs que la caravane avait enfilé la route ordinaire, par laquelle on traverse l'Erg, détachèrent trois des leurs vers le miad.

Ces envoyés, au grand trot de leurs montures rapides, arrivèrent à Sneissa et dirent à leurs camarades que la caravane camperait le surlendemain soir à Majara en face de Sneissa.

Il fut convenu que le lendemain on ferait bien boire les méhara et qu'on se rapprocherait de Majara pour pouvoir surprendre la caravane dans la nuit du surlendemain.

Le rideau de chair se composait de cinquante vieux méhara dont on n'espérait plus grand chose.

C'était, en somme, un assez mince sacrifice.

Et, derrière ce rideau, le miad en colonne serrée chargerait.

CHAPITRE XVII

SURPRISE NOCTURNE

Depuis que sir Garnett a traversé le pays des Touareggs, une légende s'est accréditée au Sahara.

On y est convaincu que sir Garnett avait le pouvoir mystérieux de frapper de stupeur les méhara, et, par sortilège magique, de les arrêter net.

On va voir comment naissent ces sortes de légendes.

Ceux de nos lecteurs qui ont lu notre troisième volume savent que d'Ussonville se gardait bien, la nuit surtout, contre toute surprise.

Le camp avait toujours quatre bastions formés par les charges.

La garnison de chaque bastion (cinquante hommes) dormait dedans, prête au premier cri de la sentinelle à sauter sur ses armes et à tirer.

La mitrailleuse chargée, le canon-revolver chargé à mitraille, étaient prêts à cribler l'ennemi.

Une lampe au magnésium était allumée, dès

l'alarme, par la sentinelle, au-dessus de chaque bastion et éclairait au loin le terrain.

Enfin d'autres précautions étaient prises en avant des fronts de bandière pour paralyser l'ennemi.

Le tout était de savoir si le *rideau de chair* enfoncerait le camp tout en couvrant la charge du *miad*.

Or, la caravane campée à Majara dormait, bercée par la musique des sables ; tout était silencieux dans le camp.

Seules quatre sentinelles veillaient.

Deux heures du matin !

Le moment du plus lourd sommeil au Sahara.

Dans la première partie de la nuit, on a la fièvre de la fatigue et du poids de la chaleur supportée.

On a un sommeil agité et l'on est quelque peu courbaturé.

Il se fait un travail de muscles réparateur, mais lassant.

Peu à peu cette surexcitation se calme et l'on dort reposé et tranquille.

Tout à coup le cri : Aux armes ! retentit dans la nuit.

Quatre flots de lumière inondèrent la campagne.

On entendit la terre trembler sous une charge furieuse.

Mais les voix tonnantes des *crieurs* lancèrent cette défense :

— Ne tirez pas.

Et pourtant le rideau de chair et le miad arrivaient avec une vitesse de train de chemin de fer.

Mais, tout à coup, à deux cents pas du camp, le rideau de chair s'arrêta brusquement.

Le *miad* culbuta dedans, lancé comme il l'était.

Ce fut alors un entassement, une confusion inexprimables.

Et les crieurs lancèrent un ordre :

— Feu partout !

Les balles hâchèrent le rideau de chair et le miad.

Deux cents méharistes environ qui étaient en guerre purent s'enfuir ; le reste fut mis en pâte !

Les crieurs firent cesser le feu sur l'ordre de d'Ussonville.

On lança les Maures sur le champ de bataille, et ceux-ci, selon la mode arabe, coupèrent les têtes des morts et des... blessés.

Ils firent butin des vêtements, des armes et de la poudre.

Quant aux corps, on les amoncela en un cube qui s'éleva très haut.

Les chairs se putréfièrent, mais les squelettes restèrent entassés.

Aujourd'hui encore, les caravanes voient

cette masse d'os, à demi ensevelie dans le sable, et tout le monde s'accorde à dire que ce sable monte toujours; c'est pourquoi, par anticipation, on appelle cette dune en formation *le Tombeau de Immeraghens*.

Près de là, une pyramide de têtes s'élevait, mais elle est tout entière sous le sable.

C'est la *Butte des Crânes*.

Et l'on se raconte au désert que, comme sir Garnett, le reiss (capitaine) français d'Ussonville faisait chaque soir tomber du ciel une pluie d'étoiles qui arrêtait net une charge de cavalerie.

Or, il s'agissait seulement d'étoiles en fonte d'acier à sept ou huit pointes dont d'Ussonville faisait couvrir son camp chaque soir, sur les quatre fronts de bandière.

Tout cheval ou méhari ayant une de ces étoiles piquée dans un sabot ne bougeait plus.

Et voilà comment se forment les légendes au Sahara.

Je crois que si la mission Fourreau n'a pas été attaquée, elle le doit à la croyance, maintenant enracinée chez les Touareggs, que certains chefs français ont le pouvoir de protéger leurs camps par une pluie d'étoiles.

Bénie soit la naïveté de ces barbares!

CHAPITRE XVIII

LE TAFILET, LE FIGUIG, LE TOUAT

L E lendemain était justement un samedi, jour de repos pour la caravane; mais, à cause des corps morts, elle leva le camp et alla le rétablir à trois lieues de là; puis elle séjourna.

Or, le soir, elle fut rejointe par une caravane, forte de trois cents fusils et qui venait de Tombouctou.

Elle fuyait l'odeur pestilentielle des morts, déjà putrifiés; du moins leurs boyaux l'étaient-ils.

Cette caravane avait fait boire ses chameaux au plus vite et elle avait fui le lieu du carnage.

Elle se composait d'hommes du Tafilet.

Elle bivaqua à mille pas du camp de d'Ussonville.

On permit à cette caravane de venir abreuver ses chameaux à l'eau des pompes instantanées, car, faute de temps, on avait rationné ces malheureuses bêtes.

Elles purent s'en donner à cœur joie et les hommes aussi.

Naturellement les Tafiletins se firent raconter le combat et les précédents; ils s'extasièrent sur la puissance de l'armement des hommes de d'Ussonville.

Et, partant le lendemain, alors que d'Ussonville restait, ils devancèrent sa caravane et dirent des nouvelles partout.

Ce fut sur toute la route, puis au Tafilet et dans l'immense chapelet d'oasis, une longue rumeur.

Personne ne s'avisa, sur la route, d'attaquer la caravane.

On lui envoyait, au contraire, d'amicales députations.

Ce fut, de Majora au Tafilet, une marche triomphale... et lucrative.

Ce Tafilet est une perle marocaine que forcément nous aurons commercialement en main un jour.

Il nous faut ici convaincre nos lecteurs de l'immense importance de l'oasis marocain, qui se rattache forcément, par les lois géographiques, au chapelet des oasis français, non encore soumis, mais dévolus à la France sans conteste.

Ce chapelet s'égrène depuis le groupe si important du Figuig au nord, près d'Aïn-Sefra, au pied de la partie de l'Atlas, appelée Djebel-Amour, jusqu'au-delà du Touat, le long du beau fleuve Maçaoud qui coule tantôt à ciel ouvert, tantôt souterrainement.

On trouve d'abord à l'extrême nord Ichi sur

une branche du fleuve, puis Kerkoen sur une autre branche.

Puis, c'est le Figuig, grande agglomération.

Puis une grappe d'oasis plus petits.

Puis Igli qui compte 1,500 âmes et qui est en _iré de grosses tribus nomades.

Puis Beni-Abbez qui a 600 habitants, plus les nomades dont il est le centre.

Puis Garsym, centre des Rhuema, grosse horde de pillards.

Puis Karsaz, une très forte ville et centre d'un groupe de tribus nomades.

Puis Ouled-Raffa qui a 2,000 habitants et autour de lui cinq autres petits ksour.

Enfin, on arrive à l'ensemble énorme des oasis du Touat qui se compose du Touat, du Gourara, du Tidiket, du Touat proprement dit, du Tanazrouf avec d'autres ramifications très nombreuses.

Nous ne pouvons citer les noms des cinq ksour de cette agglomération de plus de cinq cent mille âmes, où les villes de trois mille à huit mille habitants forment des capitales de confédérations.

Et autour des oasis, d'immenses tribus de pasteurs !

Citons en passant Tamentit, une ville charmante, très industrieuse, de 6,000 âmes.

Voilà qui est à nous et nous ne le prenons pas.

Et comme je ne veux laisser dans l'esprit du lecteur aucun doute sur l'immense commerce des oasis, je vais citer ce que l'explorateur Gérard-Rolfs a écrit sur celui d'In-Çalah :

« Il y a, dit-il, à In-Çalah, des marchands en gros, de véritables négociants, car on peut donner ce nom à des marchands qui, comme Ben-Mahmoud, envoient tous les ans, à Tripoli, plusieurs caravanes de plumes d'autruche, représentant une exportation de ce produit d'au moins 20,000 francs. Après les plumes d'autruche, la poudre d'or, l'ivoire, les esclaves des deux sexes, les cotonnades foncées, en bandes étroites, qui viennent du Soudan, les draps, les cotonnades blanches, le café, le sucre, les épices de Tripoli et les menus articles du commerce de détail, tels que les couteaux, les miroirs, les aiguilles, les perles du Tell français le blé et le tabac du Touat, sont les principaux articles du commerce important qui se fait dans cette oasis, point intermédiaire obligé entre la côte barbaresque et le Soudan. »

On voit quelles ressources nous pourrions tirer de ces oasis, si, étant annexées, unies à Philippeville par un chemin de fer, tout leur commerce était drainé chez nous.

Quant au Tafilet, il est arrosé par l'Oued-Zizi, un affluent de l'Oued-Meçaoud qui le soude en quelque sorte au Touat.

Or, le Tafilet demanderait de lui-même que

la voie ferrée fût poussée jusqu'à son grand marché d'Abouam.

Et sait-on ce qu'il compte de ksour ?

Autant que l'année compte de jours !

Trois cent soixante-cinq villes, grandes ou petites !

Quand donc agirons-nous ?

La caravane arriva en bel ordre et en bonne santé au Tafilet, où elle fut accueillie avec enthousiasme ; elle fit de très bonnes affaires sur le marché d'Abouam.

On accourait de tous les ksour pour commercer avec elle.

Elle quitta le Tafilet pour se rendre au Figuig, où elle fit aussi de très bonnes affaires, puis elle se mit en route pour Aïn-Sefra.

❋❋❋❋❋❋❋❋❋❋❋❋❋❋❋❋❋❋❋❋

CHAPITRE XIX

PARIS ! PARIS !

LA caravane campa dans le voisinage du fort d'Aïn-Sefra.

Elle avait là toute sécurité et un bon terrain de pâturage.

D'Ussonville avait son arrière-pensée.

— Roi Feridj, dit-il le soir même de l'arrivée

à son ami, Castarel t'a montré Paris en plein désert.

Tu y as vu le président de la République saluant ses enfants, les Maures Trarzas protégés de la France.

Veux-tu venir avec moi à Oran, à Alger, à Marseille, à Paris, je te présenterai au gouverneur de l'Algérie, puis au président.

Feridj bondit de joie.

Mais il fit une réflexion.

— Et la caravane !

— Nous achèterons pour elle à Oran toutes les marchandises de retour que nous lui enverrons ici par le chemin de fer et qu'elle vendra en s'en allant rejoindre ta tribu en toute sûreté.

Nul n'osera l'attaquer.

Du reste, ton second oncle maternel, qui t'est tant dévoué, qui est un brave et intelligent cheick, aimé et respecté, commandera la caravane.

S'il y a bataille, il y aura pour lui victoire assurée.

— Allons donc à Paris ! dit le roi Feridj.

Mais comment regagnerai-je mon royaume ?

— Par Bordeaux, l'Océan, Saint-Louis du Sénégal et Podor.

— Et nous partons ?

— Demain.

Tu emmèneras deux écuyers et un esclave noir dévoué.

Feridj était ravi.

Il fit fébrilement ses préparatifs et, le lendemain, avec sa Peulhe, ses écuyers, son noir, d'Ussonville et le noir de celui-ci, il prenait le train.

Ce n'était pas nouveau pour lui, car il était allé en chemin de fer de Saint-Louis à Dakar.

Il avait même vu la jolie ville sénégalaise de Ruffisque éclairée à l'électricité.

Il admira beaucoup Oran, ville de 75,000 habitants, où il fut reçu par le préfet et le général.

Il y expédia ses affaires avec le concours de d'Ussonville et il prit le train pour Alger, impatient de voir cette ville, si célèbre dans le Sahara.

Avec son panorama merveilleux, ses promenades, ses quais, ses rues à arcades, son quartier indigène, son port, ses pêcheries, ses forts, ses mosquées, ses églises, ses palais, cette capitale, qui compte près de cent mille âmes, frappa extraordinairement l'esprit de Feridj.

Il fut fêté par le gouverneur, le général et toutes les autorités; il vit un opéra au théâtre et une revue de la garnison à laquelle il assista, occupa une place d'honneur dans la suite du général.

Il s'arracha à ces enivrements et s'embarqua.

Il vit Marseille et Lyon, enfin Paris.

Les reporters ont raconté, par le menu, sa réception à l'Elysée, ses pérégrinations avec sa favorite, la petite Peulhe, qui fit sensation dans les théâtres.

Tout Paris fit bon visage à ce roi qui mettait son royaume sous la protection de la France et qui devait, dans l'avenir, nous rendre tant de services.

Il nous a paru curieux de raconter par suite de quelles aventures le roi des Maures-Trarzas était venu en France.

Nous raconterons, dans un prochain volume, comment il retourna en ses Etats et comment le capitaine d'Ussonville se rendit maître de ses milliards.

Mais il survint un incident très significatif que nous allons rapporter.

CHAPITRE XX

A L'AMBASSADE ANGLAISE

Il y a dans toute ambassade une police secrète.

Qu'est-ce qu'un ambassadeur ?

Un espion privilégié.

Qui l'a dit?

Napoléon.

L'ambassade anglaise entretient donc des gens qui ont des yeux pour voir, des oreilles pour entendre, des gens qui se chargent de secrètes besognes.

L'affaire Dreyfus n'a fourni que trop de preuves que l'espionnage des ambassades n'était que trop bien organisé en France ; deux attachés militaires étaient des espions avérés.

On ne s'étonnera donc pas si l'un des secrétaires de l'ambassade anglaise, celui en qui l'ambassadeur avait le plus de confiance, était en grande conversation avec un des agents secrets du service d'espionnage.

Ce n'était pas le premier venu cet espion ; il était d'assez haute envergure ; il s'appelait sir Meurice.

Correspondant d'un journal anglais très lu, courant les bureaux de la presse parisienne, toujours fourré dans les ministères, fréquentant les salons diplomatiques et politiques, décoré de différents ordres, ce sale mouchard était le bien accueilli partout.

Si aimable !

Si charmant !

Si gentleman !

D'une correction parfaite.

Pauvres Parisiens d'humeur trop facile que nous sommes !

Pourquoi, hélas, nous lions-nous si facilement avec des étrangers ?

Pourquoi si peu de réserve, de retenue, de défiance ?

— Monsieur, disait le secrétaire, Son Excellence (il s'agissait de l'ambassadeur) attacherait une grande importance au succès d'une mission dont elle voudrait vous charger.

Vous savez que le roi maure Feridj est à Paris ?

— Oui, sir.

J'ai même donné beaucoup de renseignements sur lui dans mon journal et je l'ai interwievé.

— Très bien.

Du moment où il vous connaît déjà, les choses se simplifient.

Vous le verrez et vous tâcherez d'exciter sa curiosité sur Londres.

Tâchez qu'il désire y aller.

Une fois là, nous l'enguirlanderons et nous le brouillerons avec la France.

C'est chose d'importance.

Ce Maure a conçu le projet de substituer le commerce français à celui de l'Angleterre dans les oasis si importants du Sahara marocain.

— Le voyage qu'il vient de faire a été fertile en incidents très dramatiques ; il y a eu des combats qui ont prouvé qu'une caravane de Maures bien armés pouvait tout oser.

— Voilà pourquoi il est si important de gagner ce roi.

Une fois à Londres, il serait à nous, si cher qu'il fallût l'acheter.

— Comptez, sir, que je ferai tout mon possible.

Mais quelqu'un me contrecarera ; ce M. d'Ussonville ne laissera pas le roi Feridj aller à Londres.

Nous faisons surveiller M. d'Ussonville de très près.

Nous savons qu'il va s'absenter pour quelque temps.

— Ah !

— Il va en Allemagne négocier un achat de chassepots provenant de la défaite de 1871.

— Oh ! alors, je pourrai peut-être, lui n'étant pas là, enlever l'affaire en la présentant sous un certain jour.

— Très bien !

Si vous avez besoin de fonds, un crédit vous est ouvert.

— Merci, sir.

Il n'avait pas besoin qu'on lui fît la leçon.

Il était passé maître en l'art de duper son monde.

Il prit congé.

CHAPITRE XXI

SÉDUCTION

SIR Meurice refit sur le roi Feridj un petit entrefilet aimable qu'il alla lui porter, avec la traduction de l'anglais en français.

Feridj parlait déjà très bien notre langue.

C'était une nature très fine, très délicate, très aristocratique, d'un esprit très pénétrant.

Diplomate-né, comme tous les Maures, il devina sir Meurice.

Mais quand celui-ci se fut un peu avancé, Feridj comprit.

Il laissa sir Meurice s'enferrer à fond.

Il lui disait :

— On m'a beaucoup parlé de Londres.

Plus grande ville que Paris, très curieuse à voir.

Beaucoup de bateaux !

Et il faisait semblant de mordre à l'idée d'aller y passer quelques jours.

Mais il attendait une lettre de son pays.

La lettre n'arrivait pas.

Feridj en avait écrit une à M. d'Ussonville.

Celui-ci avait répondu en substance à Feridj :

« Promettez, mais ne partez pas et différez toujours. »

C'est ce que faisait le roi.

Sir Meurice, pour le capter, lui faisait de très beaux cadeaux, ce dont le Maure riait beaucoup avec son écuyer.

— Cet homme, disait-il en parlant de sir Meurice, est peut-être né en Angleterre ; mais c'est sûrement un juif.

Et je suis heureux de tromper un juif.

Le roi ne se trompait pas.

❧❧❧❧❧❧❧❧❧❧❧❧❧❧❧❧❧❧❧

CHAPITRE XXII

LE BON YOUPIN

Oui, ce sir Meurice, qui occupait une si importante place dans la presse anglaise et qui avait une si jolie situation à Paris, était un juif, et même un sale juif, de ceux que l'on appelle des youpins.

A force d'adresse, il avait réussi à cacher son origine, il avait rectifié son accent, il s'était donné toute l'apparence d'un Anglais.

Il avait fallu toute la finesse d'observation de Feridj pour reconnaître le juif sous l'Anglais.

Donc, le roi écrivit à nouveau à d'Ussonville pour l'informer.

Et d'Ussonville répondit :

« Je ménage à ce youtre, à mon retour, une suprise désagréable.

« Je prolonge, dans ce but, mon séjour en Allemagne pour mener à bonne fin une négociation difficile... »

Cependant sir Meurice finit par s'impatienter.

Il eut avec Feridj une explication très vive.

Il vint lui demander :

— Partons-nous pour Londres ?

Dans quatre jours, on va courir le grand prix.

C'est l'occasion ou jamais.

— Je suis bien fâché de la manquer ! dit le roi.

Mais je ne quitterai pas Paris sans avoir reçu la lettre que j'attends de Saint-Louis du Sénégal.

— C'est votre dernier mot ?

— Oui.

Ce oui fut si sec que le youpin se sentit berné.

Il devint insolent, étant furieux et il protesta.

Comment, vous m'avez promis de venir à Londres et vous n'y venez pas, après que j'ai fait pas et démarches pour vous annoncer partout.

Vous auriez été présenté à la reine...

Et voilà que vous ne voulez point partir.

Un roi ne devrait jamais manquer à sa parole.

Auriez-vous voulu me duper, par hasard ?

Oui, dit froidement Feridj, à la profonde stupéfaction du youtre qui roula de gros yeux ronds.

Oui, je t'ai dupé !

A trompeur, trompeur et demi.

— En quoi vous ai-je trompé ?

Est-ce en vous comblant de cadeaux ?

— Dans le reproche, tu révèles ce que tu es, un youdi (juif).

Sir Meurice pâlit.

Il était deviné.

— Ah ! s'écria-t-il, je me vengerai et je vous rendrai ridicule.

Vous saurez ce que c'est qu'un journaliste comme moi.

— Tu peux coasser contre moi ; l'aigle se soucie peu du corbeau.

Sors...

Sur un signe, l'écuyer jeta le juif dehors.

Celui-ci publia dans son journal des notes aussi canailles que perfides sur Feridj.

Celui-ci dit à ce sujet à un journaliste français qui, indigné, voulait riposter :

— Mes sujets ne lisent pas l'anglais.

Donc, ma réputation ne sera pas compromise aux yeux des Maures.

Evidemment, quand un chien aboie après vous, il vous accable d'injures en sa langue de chien.

Qu'importe à un homme les injures d'un chien.

On admira fort ce dédain du roi trarza.

. Mais il eut un commencement de vengeance.

D'abord le bruit se répandit dans le tout Paris que sir Meurice était un juif.

Mauvaise affaire pour lui.

Puis il lui arriva une mésaventure fâcheuse.

Feridj, qui avait une profonde connaissance des juifs, se doutait bien que, dans l'affaire des cadeaux, il y avait de sales dessous.

Il écrivit à l'ambassade d'Angleterre, disant qu'il renvoyait tout ce que le *juif* Meurice lui avait offert, car il se doutait bien que ces présents venaient de l'ambassade.

Or sir Meurice avait majoré énormément le prix des cadeaux.

On en fut indigné à l'ambassade, dont on lui interdit la porte.

Sa situation était donc très ébranlée.

Mais ça tenait encore au retour de d'Ussonville.

CHAPITRE XXIII

A L'AMBASSADE DE TURQUIE

GRANDE réception.

Feridj et d'Ussonville étaient invités et s'étaient rendus à l'invitation, d'Ussonville superbe en habit noir et dominant tout de sa haute taille, s'imposant par sa superbe prestance.

On annonça sir Meurice.

D'Ussonville alla droit à lui, le saisit de sa main de fer et s'écria d'une voix tonnante :

— Messieurs, je vous présente un espion qui trahit l'Angleterre au profit de l'Allemagne.

De sa main gauche il frappa sur son habit et dit :

— J'ai là l'avant-dernier rapport écrit par ce... monsieur... au chef du service des renseignements allemands à Bruxelles.

Si ce... monsieur... ose demander un jury d'honneur, je suis prêt à prouver ce que j'avance.

Le juif écrasé se retira au milieu de murmures indignés !

Et voilà comment d'Ussonville vengea son ami Feridj.

TABLE DES MATIÈRES

Lire la semaine prochaine

LES DIAMANTS ROSES

Par Louis NOIR

Prix du volume complet : **20** centimes

VOCABULAIRE
DES
MOTS ARABES ET BERBÈRES
LE PLUS SOUVENT EMPLOYÉS

I. — Mots arabes

Ahmer, ahmar.. rouge.

Aïn............... source. Le sens vrai est *œil*, source du miroir du ciel.

Akbar.......... plus grand, le plus grand.

Allah Akbar .... Dieu est le plus grand.

Arga, plur. *areg* grande dune, généralement fixe, avec massif central de roc.

Armath......... petite dune, généralement mobile.

Bab, plur. *biban*. porte, dans le sens de défilé ouvrant passage dans une chaîne de montagnes.

Bahr........... mer, lac.

Baten.......... ventre.

Belad.......... pays formant un tout.

Beled.......... ville avec son territoire.

Biod, beida...... blanc, blanche.

Bir............. puits maçonné avec margelle.

Bordj.......... maison de commandement, fort, point fortifié fixe.

Caoüedji .... cafetier.

Chaabet .... ravin, chemin creux, fond d'un vallon.

Chemâl .... nord.

Chergui........ de l'est, oriental, un soleil levant.

Chott........... rivage, par extension lac, étang salé, sans issue.

Coudiat .... colline, petite chaîne d'éminences.

Daya........... terrain humide en forme de cuvette, sec en été.

Dachera .... village, hameau.

Dar............ maison.

Djamâ......... mosquée.

Djamel......... chameau ordinaire.

Djebel.......... chaîne de montagnes.

Djeza.......... la poule.

Douad .... cheval.

Douar.......... cercle de tentes.

Drâa, pl. drova. bras. Se dit des rivières et des fleuves.

Erd .... terre en général.

Erg .... région des dunes en général, mais aussi des massifs isolés des dunes.

Fedj, feidj...... bande droite de terrain, passage peu

étendu, mais à fond meuble, interrompu ça et là par des dunes.

Feggara.......... canal souterrain amenant à fleur de terre l'eau d'une série de puits creusés dans des parties élevées du sol ; on rétablit ces canaux pour pouvoir irriguer.

Foukani .... en haut, supérieur, qui domine.

Foum .... passage, orifice, trou, tunnel, voûte naturelle.

Galaa .... château-fort, rochers affectant cette forme.

Gara, pl. *gour*.. rocher isolé dans les sables.

Gassi .... bande droite et large creusée entre deux chaînes de dunes, sur une grande longueur, en terrain ferme, sans pierres ni gravier.

Gharbi .... de l'Ouest occidental.

Ghaurd.......... dune isolée en forme de pain de sucre, sans arête en longueur.

Gib.............. donne.

Gib el Nar ...... donne du feu.

Gitoun .... tente.

Guern.......... sommet, corne, pic.

Golea.......... châtelet. Nom d'une ville possédant un réduit.

Gour, pl. de *gara* rocher à tête plate. Un grand nombre de gour, comme aux environs d'Ouargla, donne l'aspect d'un jeu de quilles, irrégulièrement disposées.

Guebli.......... méridional.

Gâda .... plateau rocheux.

Hadjar.......... pierres, cailloux.

Hadid.......... fer.

Hamada........ plateau rocheux, généralement calcaire et sans eau.

Hamman....... eaux chaudes, bains.

Haoudh........ citerne.

Hassi........... puits non maçonné, souvent avec coffrage°, sans margelle.

Houdh .... dépression en forme de cuvette entre les gour, terrain ferme toujours.

Kantra.......... pont, hauteur à franchir entre deux dépressions.

Keber .... grand chef.

Kef.............. rocher bien détaché en relief.

Khene.......... défilé, gorge.

Koubba .... chapelle funéraire, tombe d'un marabout célèbre.

Ksar, pl. *Ksour*. village fortifié.

Ma............... eau.
Maden........... mine.
Makta........... gué.
Ouled el djed.... œuf.

II.— Mots berbères (dialectes kabyle, temachek et touaregg.

A dehi, pl. *edeyen* sables, dunes.
Adrà, adrharh.. montagne, chaîne de montagnes.
Agadir.......... escarpement.
Aghélâd......... défilé, porte ouvrant passage.
Agoulmine...... mare, marécage.
Aghezer,........ rivière, lit de rivière, correspond à *oued*.
Aguemoun...... mamelon.
Aït.............. fils, les gens d'un pays, d'une race.
Akerroui........ tête. Correspond à *raz*.
Amoukran...... grand.
Anou............ puits.
Aourir.......... piton, pic.
Azar'ar......... plaine.
Azrou........... rocher.
Bou-adda....... du bas, inférieur.
Esukrans........ tabac.
Ijuidi, idjidi .... sables, dunes dans le pays des Hughars.
In, en........... lieu de (masculin). In Çalah (ville de Salah).
Ir'il............. crête de montagne.
Ir'zer........... ruisseau.
Madfa........... canon.
Màder........... lieu humide et généralement malsain.
Malah........... salé.
Mâssin.......... puits donnant peu d'eau.
Mellal, mellalt.. blanc, blanche.
Merdja.......... pré, marais couverts d'herbes.
Morkeb .... en forme de bateau, d'arche.
Mers............ port.
Miya............ cent.
Mokta........... carrière en exploitation.
Moukala........ fusil.
Nar............. feu.
Necba .... terrain de sable mi-meuble, praticable malgré quelques mouvements de terrain peu sensibles.
Ogla .... réservoir d'eau.
Ouach enïa..... comment vas-tu ?
Oued........... cours d'eau, thalweg. Par extension, dans le Sahara, grandes dépressions alignées, sans thalweg et même sans eau souterraine.
Oufella......... du haut, supérieur.

Oulad, ouled,
  benni.......... enfants de.
Outha........... plaine.
Ras, pl. *rous*.... tête, cap, point de départ.
R'dir........... flaque d'eau importante.
Reg............ terrain de sable ferme très plat.
Rekeb.......... sommet.
Sadria.......... veste.
Saguia......... rigole d'irrigation.
Sahan.......... plat, assiette. Dépression avec végéta-
       tion abondante. Un sahan de grande
       dimension en longueur s'appelle un
       oued.
Sahel.......... pays facile, fertile.
Sebkha......... réseau, bas fond salé.
Settara......... terrasse.
  if, pl. *siouf*... longue arête de dune, en forme de
       tranchant de sabre.
Slassel.......... chaîne de dunes.
Souroual........ culotte.
  ued, soud, pl..
Sosoudân....... nègre.
Souk........... marché.
Tadrârt........ petite montagne.
Tahtani........ en bas, inférieur.
Tak sebl........ citadelle.
Takerrabt....... lieu saint.
Tâla........... source.
Tâlat........... ravin.
Tamgout........ aiguille.
Tânout, tânit... puits, petite source.
Tanezrouft...... plateau rocheux, répondant au hamada
       arabe.
Taourirt........ piton.
Tasili.......... plateau.
Tché........... col (temachek).
Temâssint...... petite source.
Tenia, teniet.... col de montagne, long défilé.
Terek, trik..... chemin.
Thala.......... côte.
Thabbourt....... porte.
Tin, tân........ lieu de (féminin).
Tisirra.......... pic rocheux.
Tit, pl. *tittaouin* (œil) source.
Tonat.......... oasis.
Toso........... col (kabyle).
Viouia......... séminaire musulman avec mosquée,
       caravansérail où l'on donne l'hospi-
       talité.

ROMANS D'AVENTURES ET DE VOYAGES
Par **Louis NOIR**
25 centimes *le volume de 160 pages*

CATALOGUE DES VOLUMES
En Vente chez tous les Libraires et dans les Gares

25 centimes le volume broché
(30 centimes franco par la poste)

Toute commande de 20 volumes à la fois sera expédiée franco gare sans augmentation de prix

FAYARD Frères, Éditeurs, 78, Bd Saint-Michel, Paris

IMP. CH. LÉPICE, 8-10, RUE DES CÔTES, MAISONS-LAFFITTE

Contraste insuffisant ou différent, mauvaise qualité d'impression

Under-contrast or different, bad printing quality

Texte manquant ou pris dans la reliure; reliure trop serrée

Missing text or text caught in the book-binding; too tight book-binding

www.ingramcontent.com/pod-product-compliance
Lightning Source LLC
Chambersburg PA
CBHW051734090426

42738CB00010B/2250